Heinrich Spaemann

Was macht die Kirche mit der Macht?

Heinrich Spaemann

Was macht die Kirche mit der Macht?

Denkanstöße

Herder
Freiburg · Basel · Wien

Herstellung: Freiburger Graphische Betriebe
ISBN 3-451-23190-5

Inhalt

Vorwort 9

I

Prophetischer Protest gegen Macht-Räume

Die Versuchung zum Macht-Raum 12
Die Sehnsucht nach dem Herrn und seiner Freiheit 15
Nicht religiöser Wahrheitsbesitz, sondern Glauben gleich dem Senfkorn 17
Die Unterscheidung zwischen Religion und christlichem Glauben 23

II

Erbschuld und Macht

Der Bemächtiger 30
Die 6 – 6 – 6 33
Urstand des Menschen 35
Versuchung und Fall des Menschen 37
Bemächtiger Mensch 41
Die Strafsprüche 42
Nach allem: Worin besteht die Erbschuld? 45
Worin besteht die Erlösung? 48

III
„Macht sie euch untertan"

Der Schöpfungsauftrag 54
Die Perversion des Schöpfungsauftrags 56
Selig, die keine Gewalt anwenden 59

IV
Der wehrlose Gott

Gewalt in dieser Welt 64
Jesus überwindet das Böse 65
Die Versuchung der Mächtigen 71
Die Liebe ist stärker als der Tod 72
Gott befreit, indem er vertraut 73
Gott nimmt uns die Angst 75
In Gott geborgen 76
„... wie Lämmer unter die Wölfe" 79

V
Kirche im Bündnis mit der Staatsmacht

Vorwort: Was macht das Priestersein aus? 82
Kirche im Bündnis mit der Macht 86
Rückblick auf die Geschichte Israels 88
Wenn wir treulos sind 92
Wie setzt sich der Geist Jesu nach der Konstantinischen Wende dennoch durch? 93
Kult und Kultur 99
Und die Armen? 101
Eine neue Wende? 104
Auschwitz 105
Die wichtigste Gewissensfrage 106

... die Auferstehung 108
Nachwort: Priestertum der Frau? 109

VI

Brief an eine Mutter in der heutigen Kirche"

Die Volkskirche löst sich auf 116
Was wird aus unseren Kindern? 117
Der Glaube und das Glauben: von Gott und nicht durch die Menschen 119
Die frühe religiöse Erfahrung 121
Ausschauen nach den Zeichen 122

VII

Was macht die Kirche mit der Macht?

Ein Interview zu aktuellen Fragestellungen 126

Vorwort

Was macht die Kirche mit der Macht? Gegen diesen Buchtitel hatte ich zunächst Bedenken, weil er aufs erste Hören einem kirchenkritischen Trend der Medien heute entgegenkommt und weil ich die Kirche liebe. Aber dann mußte ich mir sagen: Die Frage als solche ist ja berechtigt. Und sie geht zuerst doch mich selbst an, uns Christen schlechthin, denn wir alle sind Kirche, und wir sind mitverantwortlich in und mit der Menschheit für die Weise, wie sie mit Macht umgeht. Wie und wann setzen wir selbst unsere Überlegenheit durch, die der Intelligenz, der Stellung, der stärkeren moralischen Position und der Fähigkeit des Kritisierens (dessen verborgener Antrieb in den allermeisten Fällen nur der Drang des Menschen ist, mehr zu sein als der andere)?

Wenn nun zur Stunde die Kirche als Institution mit ihrem Machtverhalten im Blick der Menschen ist, so verdunkelt diese Tatsache das Evangelium, das sie verkündet. Sie muß sich zu Recht fragen lassen, warum sie dieses Risiko auf sich nimmt. So liegt es nahe, den Buchtitel zuzulassen. Ich stelle die Frage mit dem ungebrochenen Ja zur Kirche, mit dem einzigen Wunsch, ihr – und damit dem Evangelium, das ihr aufgetragen ist – zu dienen. Auch ihre höchsten Gremien können ja nicht zu einem Urteil und Verhalten im Geiste Jesu kommen, ohne auch die Stimme des Gottesvolkes ernstzunehmen, und das möchte der Sinn dieses Buches sein: Es möchte eine Stimme sein aus den vielen, denen das Thema „Macht der Kirche" heute schwer auf der Seele liegt.

I

Prophetischer Protest gegen Macht-Räume

Die Versuchung zum Macht-Raum

Die Bibel kümmert sich mehr um Zeit als um Raum. Ereignisse interessieren sie mehr als Länder und Dinge. Jahwe offenbart sich Israel als Herr des Geschehens, der Geschichte – in Ereignissen. Konstitutiv für das Volk Gottes sind Auszüge: der Auszug Abrahams aus dem Land seiner Väter „in ein Land, das Gott ihm zeigen wird" (Gen 21, 1); der Auszug der Kinder Israels aus Ägypten, einem Großreich, in dem das Raumdenken mit seinem numinosen Inventar alles beherrschte. Dieser Großraum wurde für die Hebräer (anfangs dort willkommene Asylanten) durch Dekret eines Pharaos zum „Sklavenhaus", das sie einsperrte (Ex 20, 2). Aus so erfahrener Enge führt Gott sein Volk in die Freiheit.

Dem Auszug Israels entspricht in seinen Gedächtnisfeiern, seinen liturgischen Festen, kein Einzug etwa in andere Raumgrenzen hinein. Es feiert Pascha, Befreiung, aber nicht Landnahme. Die Feste Israels haben ihr Thema alle im Reich der Zeit.

Das kleine Land, das Jahwe seinem Volk zuweist, ist in biblischer Perspektive offen auf eine ganz einzigartige Entgrenzung hin, auf das alle Schöpfung einmal einbegreifende Reich des Messias, in dem Israel und mit ihm alle Völker befreit sein werden zur Freiheit der Söhne Gottes.

In der jahwistischen Geschichte vom Paradies wird dieses Reich vorgeahnt. Jesus kündet seinen Anbruch für die Menschheit an mit dem Wort zum rechten Schächer am Kreuz: „Heute noch wirst du mit mir im Paradiese sein." In ihm öffnet sich das Land, das Gott Abraham zeigen wollte. Glaube an Jesus als den Messias ist beginnender Einlaß in die vollkommene Freiheit, in das neue Leben aus göttlichem Ursprung. Aber noch leben wir erst in Vorerfahrungen der kommenden Welt, noch *warten* wir Christen (zugleich mit dem altbundlichen Gottesvolk) auf den Messias als den endgültigen Entgrenzer, der alles noch in den Mauern und Grenzen menschlicher Ichgehege Gefangene und Seufzende in seine Freiheit einbeziehen wird – am Tag seiner endgültigen Offenbarung.

Geographische Räume, in die Gott sein Volk führt, sind also immer nur Vorräume, vielleicht zu unserer Läuterung immer wieder auch Gefängnisräume – auf größere Freiheit hin, dazu bestimmt, die Aufbruchsbereitschaft und die Sehnsucht nach der Weite und Freiheit, für die wir bestimmt sind, wachzuhalten.

Aber das bedeutet nun zugleich auch: Die Geschichte Israels und der Kirche ist ein Ringen Gottes mit einem Volk, das seine eigensüchtige Kurzsichtigkeit nie ganz los wird, das immer wieder hineinwill und drängt in größere irdische Macht-Räume mit prächtigerem Inventar, mit größerem äußerem Besitz. Dann aber ist es in Gefahr, seine Berufung zu verlieren, sein unterscheidendes prophetisches Merkmal unter allen Völkern. Und das besteht darin, daß es in der Vorläufigkeit von Hoffenden lebt, daß die Sehnsucht bei ihm nicht stagniert, daß es als Zeuge von Gottes Vorhaben mit den Menschen Pilger und Fremdling bleibt in dieser Welt, bis das Ziel der Zeiten endgültig erreicht ist. Die avantgardistische Bedeutung des Gottesvolkes liegt in der Armut, in der gelebten Offenheit für die Verheißung Gottes, die den in sich selbst hinein verkrümmten, in Räume und Besitztümer gefangenen Menschen herüberruft in die unendliche Freiheit neuen Lebens aus Gott und mit Gott selbst.

Die Sünde Israels war es, und die der Kirche wurde es wiederum, dem Denken und Planen in Richtung Raum- und Inventarerweiterung nachzugeben, sich mit weniger zu begnügen als mit dem lebendigen Gott, indem man auch ihn doch wieder einordnete in ein wachsendes Arsenal von Raumdingen, Riten, Bräuchen, Gesetzen und einer immer aufwendigeren Institution. Gegen solches Raumdenken, in das man auch Gott einordnet, gegen Verabsolutierung oder auch Überbewertung von Institutionen und Menschenwerk richtet sich in der Bibel der prophetische Protest. „Der Höchste wohnt nicht in Menschenwerk. Was für ein Haus wollt ihr mir bauen?" Dieses Jesajawort zitiert Stephanus jenen Menschen, deren Denken um Tempeldienst und Gesetzesauslegung, um ausgesparten und abgegrenzten Heilsraum, um tradierte Verhaltensmodelle wie um Endgültigkeiten kreist (Apg 7,49). Das führte zu seiner Steinigung und zur Verfolgung der Anhänger Jesu.

Die Sehnsucht nach dem Herrn und seiner Freiheit

Konsequent in vergehender Zeit leben, mit ihr nach vorn hin ausschreiten, zu ihrem Ziel hin, läßt arm bleiben, macht arm. Reiche denken in Räumen und an Raumerweiterung, wie im Gleichnis der reiche Kornbauer, der das Verrinnen der Zeit über seinen Gedanken an die größere Scheune vergißt und den Gott darum einen Narren nennen muß, weil er in der kommenden Nacht sterben wird. Primat des Raumdenkens: wir haben keine Lust mehr, immer weiter unterwegs zu sein, wir halten das Stück Wüste nicht aus, das vor dem gelobten Land liegt, wir richten uns ein, wir mehren unseren Komfort, auch den religiösen, der uns dann als Alibi dient für die Absage an die Armut und die Verweigerung der Solidarität mit den Armen.

Wenn die Geschichte Israels wie die keines anderen Volkes eine Geschichte der Leiden, aber auch der immer erneuten Wunder ist – Deportationen, Verbannungen, Ghettoisierung, Zerstreuung über die ganze Welt hin und dann doch wieder Rettung und Heimführung gegen alles menschliche Erwarten –, so hat das in der prophetischen Deutung einen Zusammenhang mit seiner Berufung: Es erfährt immer neu das Veto Gottes gegen die Stagnierungen seiner Sehnsucht; es wird zum Flüchtling, wenn es sich weigert, Pilger zu sein, und es empfängt von Gott so immer neu den Drang des Aufbruchs in das Land seines Ursprungs und des Sieges über alle Widerstände seines Weges dorthin.

Christentum sollte, wie Israels Existenz durch Jahrtausende hin, durch Glauben an den Auferstandenen vertiefte, schlechthin daseinsbestimmende und andere mitreißende Sehnsucht nach der Wirklichkeit sein, die in Christus offenbar wurde, Leben auf den Äon der vollkommenen Freiheit hin. Weil und insofern es das weithin längst nicht mehr ist, weil und insofern das Raumdenken auch in der Kirche wieder groß wurde, „Institution" mit der ihr eigenen Macht sie immer mehr prägte und weil sie mitsamt ihrer Hierarchie reich und mächtig wurde, nicht mehr als Pilger und Fremdling erkennbar war, darum erleben wir heute einen eruptiven Durchbruch von gestauter Sehnsucht bei vielen Gott suchenden Menschen innerhalb und außerhalb der kirchlichen Mauern – als Distanzierung von einer raumverhafteten, etablierten Kirche. Die konstantinische Ära und ihr mehr als ein Jahrtausend währendes Bündnis von Kirche und Staatsmacht haben wir noch nicht wirklich hinter uns, die Zeit also, in der das Raumdenken in der Kirche mehr und mehr obsiegte, sich gewiß auch in herrlichen Bau- und Kunstwerken repräsentierte, Domen, die heute aber allzu leer geworden sind von Betern, noch bewundert von Ästheten. Die Parusieerwartung, die Sehnsucht nach dem kommenden Herrn, ist praktisch zum Erliegen gekommen. Das „Ja, ich komme bald!" des Christus der Apokalypse mit seinem göttlichen Ernst und seinem Drängen der Liebe wird von den meisten Christen wohl kaum noch ernsthaft geglaubt. Das „Maranatha" der Christenheit ist weithin verstummt; in der Liturgie wird es noch ernstgenommen, aber die Herzen schreien es nicht mehr.

Nicht religiöser Wahrheitsbesitz, sondern Glauben gleich dem Senfkorn

Im Leben der Kirche hat sich die Versuchung Jesu wiederholt. Worin bestand diese? Im Angebot der Herrschaft über den Weltraum, Welt zu seinen Füßen (Mt 4,8): daß er all seine Fähigkeiten und Kräfte darauf verwandte, Einflußraum für das kommende Reich Gottes zu gewinnen; daß er mit diesem Ziel seine Lebenszeit für Weltraumbeherrschung verausgabte; daß er nicht vertrauend im Jetzt des Gotteswillens und nicht auf die „Stunde" des Vaters hin lebte, nicht auf die arme Stunde seiner Kreuzigung, die als bis ans Ende gehende göttliche Liebe doch aller Erdenzeit erst ihren Sinn und ihre Erfüllung geben sollte. Die Versuchung Jesu kehrte nach Joh 7,3 ff auch wieder in der Aufforderung seiner Brüder, sich aus dem wenig geachteten Galiläa nach Jerusalem zu begeben, um an einflußreicherer Stelle mit seinen Machttaten publik zu werden: „Denn es tut doch keiner etwas im Verborgenen, der bekanntzuwerden sucht." Der Evangelist fügt hinzu: „Auch seine Brüder glaubten nämlich nicht an ihn."

Alles wäre auf der menschlichen Ebene verblieben, hätte Jesus die Herrschaft Gottes gebracht, wie seine Sippe es sich dachte. Genau das war und ist aber auch die immer neue Versuchung der Kirche: Verausgabung der besten Kräfte und der wichtigsten Zeit für Einflußplanung, Raumgewinnung, kirchliche Politik, dies alles nicht als das Dazugegebene, „denen nachgeworfen, die zuerst das Reich Gottes suchen" (Mt 6,33), sondern als Programm, in Auswertung aller Möglichkeiten von Durchsetzungsmacht einer großen Institution.

Vielleicht kann die Institution sagen: Wir existieren als das Dazugegebene, aber dann darf sie nicht das ängstlich Festzuhaltende oder gar Auszubauende und sich so unweigerlich Aufdrängende sein, dann müßte sie sich eher fragen: Wie können wir abnehmen, damit Er zunimmt? Wie können wir unscheinbar werden, damit Er einleuchtet, aufleuchtet?

In dem Maße, wie die Kirche sich als Institution in Erscheinung bringt, wie sie ihre geistliche Macht autoritativ und disziplinär durchsetzt, erinnert sie an die äußerste Betonung von Gesetz in Israel zur Zeit Jesu, als die Existenz und Zukunft des Volkes den geistlichen Autoritäten mit der genauen Beobachtung der Toravorschriften identisch zu werden schien und so die Mitte der Tora, „Gott über alles lieben und den Nächsten wie sich selbst" nicht mehr der Schlüssel für Auslegung von Gesetz in der Erwartung des Messias und so die das Gesetz durchdringende innere Mitte war. In der chassidischen Erweckungsbewegung erst ist diese Mitte eine jahrhundertelang einzigartig strahlende Wirklichkeit gewesen.

Jesus gibt in Jericho alle Chance von Einflußraum bei einer großen Menge mit einem Schlage preis, um in das Haus des verachteten Zachäus einzukehren und uns deutlich zu machen: Gottes Jetzt (daß er für diesen Mann auf der Stelle da ist) bedeutet unendlich mehr als ein mögliches Morgen, als möglichst viele andere, und *eine* Seele ist mehr wert als die ganze Welt.

Daß Jesus nicht in einem Haus geboren wird und nicht in einem Hause stirbt, sondern jenseits aller Raumgeborgenheit, hat die Bedeutung des Zeichens. Er ist der Weg und darum selbst unterwegs. Das Wort bei Johannes: „Sie sahen, wo er wohnte" (1,39), geht nicht auf eine Behausung, es korrespondiert mit dem lukanischen: „Muß ich nicht sein in dem, was meines Vaters ist?" (2,49). Es meint Jesu innerstes Bleiben, es geht auf mehr und anderes als etwa nur eine Behausung oder auch den Tempel. Im Hinblick auf diesen sagen ihm die Jünger: „Meister, schau, was für Steine und was für Bauten!" Er aber erwidert: „Nicht ein Stein wird auf dem anderen gelassen, der nicht abgebrochen wird" (Mk 13, 1).

Mit dem Gewinn an Einflußraum und irdischem Reichtum wuchs in der Kirche während ihrer herrschaftlichen Ära die Versuchung, Christentum selbst räumlich zu verstehen als die Religion mit dem umgreifenden Wahrheitsbesitz, der Sicherheit und Überlegenheit gibt über die, die weniger Wahrheit oder keine haben, so daß man dann die willentlich außerhalb dieses Besitzes Verbleibenden oder die ihn nicht Anerkennenden ausgrenzen, ghettoisieren, ausschalten darf, ja soll, auch mit Gewalt.

Was aber ist Glaube in Jesu Sicht? Zuerst Hunger und Durst nach Gerechtigkeit und Wahrheit, nie ganz gestillt. Die wirklich glauben, haben diesen Hunger und diesen Durst vor allem zusammen mit den Armen, den vielen, die vielleicht noch unterhalb von Menschenrecht und Menschenwürde leben; mit ihnen möchten sie ihre Habe, ihr Leben und Sterben teilen, das ist ihre Erwählung und Sendung. Wenn Glaube das nicht mehr ist, solidarische Sehnsucht mit allen Gottsuchern, allen Gottbedürftigen, Liebebedürftigen, dann glaubt man am Ende an den eigenen Glauben statt an den lebendigen Gott. Es kommt einem dann mehr auf den formulierten und vollständigen Glauben an als auf die Wirklichkeit, der der Glaube gilt, daß er in der Liebe lebendig ist. Glaube mit betonter Abgrenzungstendenz – verständlich in Zeiten seiner Bestreitung von ehedem Gläubigen – wird am Ende identisch mit kirchlicher Milieugerechtigkeit und mit dem Optieren für Instanzen und Mächte, die das bestehende kirchliche Milieu schützen, unter Umständen auch gewaltsam.

Glaube als Besitz, das bedeutet ferner: Vorrangig ist das Maß des Glaubens, das notwendige Quantum Glauben, das orthodoxe Glauben, das entsprechende Religionswissen und vor allem die bezeugte Religiosität. Für Jesus dagegen kommt es zuerst auf die Art des Glaubens an, auf den Senfkornglauben, der von sich selbst nichts hält und weiß, durch alles hindurch aber dem Zug zur Wahrheit vertrauend und wagend folgt, die Er ist mit seiner Freiheit und Weite, die Er in seinem Wesen und Verhalten lebt. Es ist kein Zufall, daß man in den Evangelien auf diesen Glauben immer wieder bei Außenseitern trifft, bei Leuten, die nicht das „richtige Gesangbuch" haben und auch nicht in den Sicherheiten eines geschlossenen Systems leben, wie etwa der barmherzige Samariter, die Kanaanäerin, der zehnte Aussätzige, der Hauptmann von Kafarnaum oder der blinde Bartimäus, der sich das laute Schreien hinter Jesus her von den Leuten an der Spitze (wie Lukas mit leiser Ironie bemerkt, 18,35 f) nicht verbieten läßt.

Glauben bedeutet, als Gottes Volk alle Sicherheit in der Verheißung und Zusage Gottes haben und daneben nicht noch andere Sicherheiten aufrichten wollen, die Gott selbst vielleicht so nicht will und schenkt, Sicherheiten, die sich immer neu prüfen lassen müssen, ob sie nicht „Menschenwerk" sind. Glauben bedeutet, sich auf ein unendliches Wagnis einlassen, auf Wahrheit, die schlechthin unendlich ist, von Wesen her kein Besitz – nie ist man darum ihr Besitzer –, damit aber auch sich auf neue Wahrheit einlassen, außerhalb der schon bekannten, neue Wahrheit, wie sie uns der Herr der Geschichte überall da begegnen läßt, wo lebendige Menschen sind und vor allem, wo Arme leben oder einfach andere, die bisher kein Verstehen und keine Liebe fanden, neue Wahrheit also auch in Menschen anderer Religionen und Weltanschauungen sowie auch in der Begegnung mit Leuten der Forschung und Wissenschaft, die unsere Verstehenshorizonte für Zusammenhänge der Welt befreiend weiten.

Über alle Schwächen der Kirche und über die Verdunkelungen des Evangeliums hinweg ist es Jesus Christus, der immer neu Menschen und Völkern einleuchtet und aufleuchtet. Eine Erklärung dafür verbirgt sich in seinem Wort (Mt 11,20): „Ich preise dich, Vater, daß du dieses Kleinen und Einfältigen offenbart, Weisen und Klugen aber verborgen hast." Wir sollten allen, die Jesus bejahen, suchen, besser kennenlernen wollen, Freude und Zustimmung entgegenbringen, ohne Gedanken an die eigene Konfession, jedoch im selbstverständlichen Bekenntnis zu ihr, wenn die Situation es nahelegt. Im Hinblick auf einen Menschen, der Dämonen austreibt unter Berufung auf Jesus, sich aber den Jüngern nicht anschließen will, sagt Jesus ausdrücklich: „Wehrt es ihm nicht; denn wer nicht gegen uns ist, der ist für uns" (Mk 9,39). Warum sollen Menschen durch Jesus und über Jesus nicht auch die Kirche finden können, wenn es heilswichtig für sie ist? Die Sorge oder die Vorstellung, daß man ohne die Kirche nicht wirklich Jesus sehen könne, widerspricht dem Evangelium. Der Samariter sah ihn, der Priester und der Levit sahen ihn nicht. Der zehnte Aussätzige, auch ein Samariter, sah ihn, die anderen sahen nur die gesetzlichen Feststeller ihrer Heilung in Jerusalem. So wie nicht selten einer über Jesus erst auch Maria findet, vielleicht nach langen Jahren, so ist es möglich, daß er über Jesus die Kirche findet, ohne daß dieser Fund eine Notwendigkeit werden müßte zu seinem Heil.

Die Unterscheidung zwischen Religion und christlichem Glauben

Religion, das ist die weite und komplexe Sphäre all der Gegebenheiten, die aus Religiosität, einer natürlichen Anlage jedes Menschen, entstanden sind. Durch den Glauben empfing die Religion der Christen ihr eigenes Gepräge: Kult und Lehre, Sitten und Brauchtümer, ein Pensum ausdrücklicher Gottesverehrung, Kunst und Musik, Hierarchen und hierarchische Strukturen.

In einer fast zweitausendjährigen Christengeschichte und in einer mehr als tausend Jahre währenden Symbiose mit dem Staat und seinen Ordnungen hat die christliche Religion ihre Ausformung erfahren; die grundlegende im römisch-germanischen Reich, von da aus ergaben sich Gestaltvarianten in verschiedenen Ländern und Völkern Europas, schließlich auch anderer Kontinente. Diese Gegebenheiten waren und sind nicht selber Glaubensziel; ihre Wahrnehmung gewährleistet den Glauben noch nicht, setzt ihn vielmehr voraus, um ihm sodann Nahrung und Stütze zu geben und in langen Zeiträumen eine Art Mutterboden zu bilden, in dem Glauben verwurzeln und Gemeingut vieler werden kann.

Glaube selbst ist die gottgeschenkte Offenheit des ganzen Menschen für Wesen und Weisung Jesu, für eine göttlich wirklichere Wirklichkeit, als sie rein natürlichem Erkennen zugänglich ist. Diese geoffenbarte Wirklichkeit wird vom Glauben als die schlechthin maßgebende erfahren und erkannt: sie richtet und rettet, sie schafft Zukunft und Heil.

Die überwiegende Mehrheit der Christen versteht und praktiziert ihr Christentum primär als „Religion", wobei sich deren jahrtausendealte Einbindung in die Macht- und Ordnungsstrukturen des Staatswesens – heute freilich nur noch resthaft – mitbestimmend wie eine Art Vorprägung für Denken und Leben des Christen auswirkt.

Die rationale wie gemüthafte Einwurzelung in Kirche und Staat zugleich entspricht dem Verlangen des Menschen nach Transzendenz wie auch dem nach irdischer Sicherheit und Geborgenheit. In beiden Bereichen – als seien sie auch heute noch eine Art Symbiose – ist der „bürgerliche" Christ verwurzelt, dabei können die Inhalte des Glaubens aufgrund tradierter Verhaltensmuster und eingeprägten Grundwissens existenzbestimmenden Vorrang haben.

Lockert sich die Einbindung der Religion in ein ihr entsprechendes gesellschaftliches Umfeld, so kann es den primär in Religionsübung, aber nicht eigentlich im Glauben Verankerten ergehen wie einer Pflanze, die keinen Mutterboden mehr hat.

Glaube, wie ihn das Evangelium sieht, ist die gottgeschenkte innere Offenheit für Jesus als den Heilbringer, als den, der uns sagt und zeigt, wer und wie Gott ist und wie Gott sich uns Menschen denkt.

Zum Wesen des Glaubens gehört es, daß er Gemeinschaft mit Gott, wie sie ihm geschenkt ist, auch mit anderen Menschen zu stiften und zu verwirklichen sucht. Dabei gelangt er zu einer gewissen inneren Freiheit, ja gelegentlich kritischen Distanz gegenüber den Lebensnestern, in die hinein einer geboren wird, sein Auskommen und Einkommen findet, seine Karriere und sein bürgerliches Glück. Der Glaubende ist unmittelbar vom Evangelium bestimmt. Sein Denk- und Verhaltensstil ist mehr der von Pilgern und Fremdlingen, die in „Zelten leben" (Hebr 11), in Aufbruchbereitschaft, in Hinbewegung zur „Stadt auf dem Berge, die nicht verborgen bleiben kann" (Mt 5) und die zu bilden er sich selber mitverpflichtet weiß.

Menschen dieser kommenden Stadt leben und denken, wenn man so will, utopisch, jedoch in dem von Erfahrung offenbar getragenen Vertrauen, daß die von Gottes Heilswillen begründete Utopie überall hier und heute schon Wirklichkeit wird, wo man mit Nachfolge Jesu ernstzumachen sucht.

Wann und wie kommt es zu Divergenzen zwischen Religion und Glauben? Wenn Religion nicht mehr wirklich in Glaubensgemeinschaft gründet, nicht mit Gott zugleich das Weltganze im Blick hat, sondern sich selbst als einen Bereich neben dem der Wissenschaft, der Politik und des öffentlichen Lebens versteht, mit einem bestimmten eigenen Pensum und eigenen Zuständigkeiten – in Abgrenzung jedoch von anderen gesellschaftlichen, wirtschaftlichen, politischen Verbindlichkeiten und Trends. Der „Religions"-Christ begünstigt dabei jene Partei und Regierung, die die Ausübung seiner Religion ermöglicht und fördert. Ihren führenden Männern und Frauen erkennt er die Kompetenz in den Sparten politische Optionen und Maßnahmen zu, ihre Freund- und Feindbilder übernimmt er, ebenso auch ihr Denken in den Kategorien etwa der Rüstungsfragen, der wirtschaftlichen Prosperität, der Macht. Ihren Entscheidungen zuzustimmen ist er geneigt, soweit sie zugleich ein gewisser Schutzschild sind für seine Religion. In Fragen, wo der Glaube einen apokalyptischen Horizont sieht, wie etwa den der atomaren Gefahr oder der Zerstörung der Schöpfung, verbleibt er eher im Bereich des Bisher und Heute, ohne die Bereitschaft zu entscheidenden Lebensaufbrüchen und -änderungen.

Biblische Verdeutlichungen von denkbaren Unterschieden zwischen Religion und Glauben:

Die törichten Jungfrauen haben eine Religion, die klugen Glauben.

Priester und Levit haben eine Religion, der barmherzige Samariter Glauben.

Der betende, sich moralisch hochstehend wissende Pharisäer hat eine Religion, der Zöllner hinten am Eingang Glauben.

Der die Hinrichtung Jesu beschließende Hohe Rat hat eine Religion, der rechte Schächer Glaube.

II
Erbschuld und Macht

Der Bemächtiger

Hat Macht des Menschen, die der Stärkere über den Schwächeren ausübt, um ihm seinen Willen aufzunötigen, ihren Ursprung nur in ihm selbst? Die Bibel sagt es anders. Im Mythos vom Sündenfall spielt eine entscheidende Rolle die Schlange, in der ein Wesen von überlegener Intelligenz mit der Fähigkeit versucherischer Suggestion symbolisiert ist. Gibt es dieses Wesen? Gibt es Satan und Dämonen, gibt es auf Spaltung, Verderben, Tod der Menschen bedachte Geschöpfe, die den Menschen von Gott abzuwenden und in ihren Einfluß- und Machtbereich hineinzuziehen vermögen?

Es besteht nicht der geringste Grund, zu denken, daß es sich da nur um alte Geschichten, um Projektionen unseres eigenen Inneren und seiner abgründig negativen Möglichkeiten handle. Die gesamte biblische Offenbarung vom ersten bis zum letzten Buch spricht von der Existenz der lichten Engel, aber auch der Finsternismächte und -gewalten.

Aber schuf Gott auch böse Wesen? Das ist undenkbar. Er schuf Engel und Menschen. Wie es nicht nur den winzigen Planeten Erde gibt, der uns Menschen trägt, sondern unzählige Sterne, manche millionenmal größer als der unsere, so auch ungezählte personale Wesen, deren geschöpfliche Berufung, genau wie die unsere, Teilnahme an Gottes ewigem Dasein ist: – aufgrund jedoch einer Wahl, einer Entscheidung – in jener Freiheit, die allen geschaffenen personalen Wesen geschenkt ist, damit sie die Liebe, der sie ihre Existenz verdanken, in entsprechender Antwortliebe erwidern und so, im Austausch von Liebe, Gottes Leben, das Liebe ist, teilen können. Diese Wahl aber muß ein Kriterium haben, ein Ja oder ein Nein muß möglich sein. Die Bibel weist uns auf dieses Kriterium hin.

Im Kolosserbrief 1,16 wie auch zu Beginn des Hebräerbriefs wird uns gesagt, daß die ganze Schöpfung, auch die der Engel, auf den menschgewordenen Sohn hin und zugleich durch ihn geschaffen ist und daß sie um seinetwillen Bestand hat. Dieses „um seinetwillen" bedeutet zugleich: um derer willen, die zu ihm gehören, um deretwillen er Mensch wurde. Der Mensch Jesus – mit ihm wir – ist Sinnziel des gesamten Kosmos.

Den zweiten Hinweis enthält der Hebräerbrief (1): Alle Engel sind einbezogen in den Heilsdienst Christi, sind in ihrer Existenz auf Jesus von Nazaret bezogen, „der die Reinigung von den Sünden vollbracht hat".

Der dritte Hinweis verbirgt sich in Simeons prophetischem Wort an Maria: „Dieser ist gesetzt zum Fall und zur Auferstehung vieler in Israel und zum Zeichen, dem widersprochen wird, und auch deine Seele wird ein Schwert durchdringen" (Lk 2,34ff). Da ist von einem Widerspruch die Rede, der offenbar auch in die Engelwelt hineinreicht, bis in die höchsten Hierarchien. Der Widerspruch gilt diesem Kind auf den Armen seiner Mutter, das einmal ein Gekreuzigter werden wird; an ihm scheiden sich die Geister.

Aus solchen Hinweisen ergibt sich: Das Kriterium unserer, der Engel und der Menschen, Berufung zur Teilnahme an Gottes ewiger Seligkeit, ob wir sie annehmen oder ablehnen, ist Jesus Christus, ist Gottes Wesen, wie es sich in dem zu Betlehem Geborenen und dem auf Golgota Gekreuzigten offenbart. Die Engel sind in ihrer Intelligenz, ihrer durchdringenden Kenntnis kosmischer Zusammenhänge, mit der Macht ihrer Energie und ihrer Strahlkraft den Menschen schier unendlich überlegen – jenseits unserer Zeit existierend, überschauen sie diese wie einer vom hohen Berg den Verlauf eines Flusses von der Mündung bis zum Meer –; und so haben sie Einblick bekommen in den Ratschluß der Menschwerdung Gottes in Jesus Christus, mit der Chance, diesen Gott als ihren Herrn und Schöpfer zu erwählen. Sie dürfen erkennen: So ist Gott, das ist Gott, dieses winzige Kind, dieser Mann, der seinen Jüngern die Füße wäscht, dieser Gegeißelte und Verspottete und Bespuckte, dieser am Ende an zwei Kreuzesbalken Genagelte.

Was Gott da für den armseligen Menschen tut, das ist am Ende er selbst – armer Mensch.

Zu denken ist, daß mit dieser Sicht, diesem Einblick in Gottes Ratschluß, den Engeln zugleich die eigene ungeheure Überlegenheit ihrer naturalen Macht über den Menschen, noch dazu über einen ohnmächtig Sterbenden, zu Bewußtsein kam und daß damit viele von ihnen die Entscheidung für die eigene Übermacht und gegen einen solchen ohnmächtigen Gott und gegen dieses sein bevorzugtes Geschöpf, den Menschen, getroffen haben. Ihre Abwendung von ihm, von einer Liebe, die sich um dieses Menschen willen kreuzigen läßt, ist sofort auch Erblindung für die Gnade, die sie richtet – (sonst „hätten sie den Herrn der Herrlichkeit" nicht am Ende selbst „gekreuzigt": 1 Kor 2, 8) –, und wird so identisch mit ihrem Entschluß, das bevorzugte Geschöpf Mensch seinem Schöpfer und Retter zu entreißen, ja es in abgründigem Haß zu zerstören, um damit Gott selbst zu treffen.

Die 6–6–6

In der Apokalypse ist viel von Engeln und Dämonen die Rede. Zum Ende der Menschheitsgeschichte hin ist die Zahl des Widersachers die 6–6–6, dreimal die Sechs. Wer nicht mit der 666 besiegelt ist, kann weder kaufen noch verkaufen. (Offb 13, 18f). Sechs Balken hatte auch das Hakenkreuz. Sechs ist die Defizitzahl vor der Sieben. In sechs Tagen schuf Gott die Welt, am siebten Tag ruhte er von dem Werk, das er gemacht hatte, und seine Ruhe vollendete die Welt (Gen 2, 1–3), sie machte ihren vom Menschen erfahrenen Transzendenzbezug, den Paradiesesfrieden, in ihr aus. Die Schöpfung ohne diesen Bezug, ohne den siebten Tag, ist die Welt ohne den transzendenten Gott. Sechs ist die Zahl der Welt vor ihrer Vollendung durch ihren Schöpfer, und danach die Absage an diesen als Programm, die Zahl der transzendenzlosen Diesseitswelt. Ihr sichtbarer Machthaber, ihre Repräsentation, ist schließlich der Antichrist, der Verkörperer menschlicher Hybris, der ohne Gott die Geschichte der ganzen Welt in die Hand nimmt. Zum Programm des Antichrist gehört die Abschaffung des siebten Tages.

Die Verdreifachung der Sechs als der dem Antichrist zugehörigen und ihn ausdrückenden Zahl ist Hinweis auf die dämonische Nachäffung des trinitarischen Mysteriums: Satan, der Verborgene, ist der Ermächtiger des Weltbeherrschers Antichrist, in ihm ist er gleichsam inkarniert, und durch ihn beherrscht und durchdringt er mit seinem Geist am Ende den ganzen Erdkreis (1 Joh 5, 18–20).

Der Bemächtiger kann also zum *Er*mächtiger werden, wenn es ihm gelingt, den Menschen progressiv in seine Verfügbarkeit zu bringen. „Die ganze Welt liegt in der Gewalt des Bösen", nur die aus Gott Gezeugten, die in Christus, tastet er nicht an, 1 Joh 5, 18 f, so heißt ein auf die letzten Dinge verweisendes Johanneswort.

Jesus hat den Versucher nicht einfach als Lügner abgewiesen, als dieser ihm „die Königreiche des Erdkreises in einem Augenblick zeigte und zu ihm sprach: Dir will ich die ganze Macht und ihre Herrlichkeit geben, denn mir ist sie übergeben, und wem ich will, gebe ich sie. Wenn du mir huldigst, wird sie ganz dein sein" (Lk 4,6): Der endzeitliche Antichrist hat dieses Angebot akzeptiert.

Urstand des Menschen

Und nun zum Menschen: In der jahwistischen Genesis erfolgt die Erschaffung des Menschen in zwei Schritten: Gott bildet Adam, haucht ihm den Odem des Lebens in die Nase und führt ihn in sein paradiesisches Ambiente ein. Dann spricht er: „Es ist nicht gut, daß der Mensch allein sei. Ich will ihm eine Hilfe machen, ihm gegenüber" (Gen 2,18). Sodann bringt er dem Adam erst das Defizit seiner solitären Existenz ins Gespür und zu Bewußtsein: Er führt Tiere zu ihm, Adam vermag sie mit Namen zu benennen, denn ihre Wesenheiten sind in der seinen enthalten. Auf solche Weise aber stellt er auch fest, daß diese Geschöpfe nicht seines Wesens sind, nicht „Fleisch von seinem Fleisch".

Darauf nun läßt Gott einen Tiefschlaf über ihn kommen. Diesen Tiefschlaf gibt es dreimal in der Bibel: Gen 2,21; 15,12; Lk 9,32. In allen drei Fällen schafft Gott im Menschen die Disposition für eine Schauung, die in das göttliche Mysterium hinüberreicht, der Schlaf muß darum tiefergehen, auf tieferen Grund reichen als gewöhnlich, als die normale Wahrnehmungsfähigkeit des Menschen, sei es bei Tag, sei es bei Nacht.

Im Tiefschlaf wird Adam die Vision zuteil, daß Gott die Frau seiner Seite entnimmt, was besagt, daß im Menschen als Mensch beide Seiten sind, die weibliche und die männliche. Deren Ergänzung im Gegenüber, so daß der eine den anderen schaut, hört, sich von ihm ansprechen läßt und ihn ansprechen kann, ihn erkennt, macht den Menschen zum Ebenbild Gottes.

Die Ergänzung zum ganzen Menschen, die Mann und Frau füreinander bedeutet, drängt nach Verwirklichung, nach Ganzheit, nach Einheit, läßt sie das ihnen eingehauchte eine Leben als Liebe erfahren. Einander liebend, sind sie nach Gottes Gedanken Ebenbild Gottes, der Liebe ist, der ein ewiges Du hat und dessen Lebensodem Hauchung der Liebe ist.

In diesem Zusammenhang will beachtet sein, daß die hebräische Sprache in dem Satz „Ich will ihm eine Hilfe machen, ihm gegenüber" für „Hilfe" ein Wort braucht, das in der Bibel sonst nur in Verbindung mit Gott vorkommt: „Gott ist meine Hilfe", „Gott, komm mir zu Hilfe". Darin verbirgt sich die Hindeutung, daß das dem Menschen zugedachte, von Gott ihm geschaffene Gegenüber Hilfe zu seiner Ebenbildlichkeit mit Gott ist. Geliebt und wiederliebend ist der Mensch Gottes Bild.

Versuchung und Fall des Menschen

Die „Schlange", der Widersacher Gottes, weiß offenbar um den Defizitbefund im Menschen, der sich für uns andeutet in dem Wort „es ist nicht gut, daß der Mensch allein sei" (Gen 2, 18). Satan kennt alles Defiziente und zum Defizit Disponierende, da seine eigene Existenz seit seiner Abwendung von Gott radikal defizitär ist und in der Verkehrung seines ursprünglichen Wesens auf Defizit bei allen Geschöpfen drängt; jedoch die zur Vollendung führende Gnade kennt er nicht, er kann sie nur zu vereiteln oder uns ihr zu entreißen versuchen. So zielt seine Versuchung des Menschen zuallernächst auf das „Nicht gut" seines Alleinseins als Gegensatz zum Gutsein Gottes; auf seine Vereinzelung, auf Existenzverfaßtheit, die ihn *nicht mehr* Ebenbild Gottes sein läßt, so wie er es vorher ohne die „Hilfe ihm gegenüber" *noch nicht* war. Nur aus dem „Nicht gut" seiner Existenz kann beim Menschen eine Entscheidung hervorgehen, die ihn in den Suggestiv- und Machtbereich Satans hinein und in die Marschrichtung einer Isolierung in Massierung führen kann, wie sie der erste Psalm als Endresultat der Gottlosigkeit ins Bild bringt: „Staub, den der Wind vom Angesicht der Erde verweht."

Der Versucher beginnt bei der Frau. Zu ihrem weiblichen Wesen gehört die Leib, Seele und Sinne prägende Empfangsbereitschaft des Menschen, sie ist darum auch die Hörbereitere, ohne daß sie freilich der Fähigkeit zur Tat ermangelte. Es gelingt dem Versucher, sie mit einer harmlos erscheinenden Frage in einen Dialog hineinzuziehen, der ihr, so kurz er ist, die Hilfe des Gegenüber, das „*Wir*" der Gotteskinder, aus Blick und Bewußtsein drängt, so daß sie ohne Einvernehmen mit ihrem menschlichen Du die fremde Stimme in sich zu Wort kommen läßt. Im Miteinander der von Gott einander Gegebenen, im Licht, das die beiden Menschen einte, wäre das Dunkel der satanischen Versuchung entlarvt worden. Der eine im andern das Ebenbild Gottes schauend, sind Menschen der *eine* Mensch; sich Gott verdankend und zu Gott hin offen, sind sie unüberwindlich. Wer das reine Licht sieht, erkennt jedes Dunkel, das ihm widerspricht und weist es ab, er ist nicht täuschbar. Wer aber das Licht im anderen aus dem Auge läßt, den übermächtigt das lauernde Dunkel.

Die satanische Suggestion beginnt in der Frau darin wirksam zu werden, daß sie ihrem Schöpfer und seiner Weisung, nicht vom Baum der Erkenntnis zu essen, mißtraut. Damit steigert sich die Suggestivmacht ihres satanischen Einsprechers: Das widersacherische Verlangen nach absoluter Eigenherrlichkeit keimt auch in ihr auf. „Ihr werdet selber sein wie Gott" – für den Menschen gibt es letztlich keine größere Versuchung als dieses Angebot. Als Ebenbild Gottes ist er so herrlich geschaffen, daß er sich von der Vorstellung, ohne Gott und ohne seine Weisung dazusein und Geschichte zu machen, überwältigen lassen kann. So greift die Frau nun also zu der ihr von Gott verwehrten

Frucht, sie für sich allein – ihr einziges Gegenüber ist in diesem Augenblick der Versucher mit der suggestiven Übermacht des gefallenen Engels.

Beim Mann braucht es dann kein eigenes Gespräch mehr, damit auch er ißt – von der bereits angebissenen Frucht, mit der die Frau jetzt zu ihm kommt; in der heilen Welt aß jeweils der andere als erster, so wollte es die Liebe, jetzt geht es umgekehrt; erst ich, dann der andere.

Warum aber braucht es bei Adam kein eigenes Gespräch mehr, damit auch er von der verbotenen Frucht der Erkenntnis des Guten und des Bösen ißt? Weil die Frau ihm jetzt nicht mehr gegenübertritt als „Hilfe" zur Gottebenbildlichkeit und zu entsprechendem Verhalten; denn die Anziehung zu Gott hin, die für beide vom menschlichen Gegenüber ausging, ist von ihr gewichen, da sie selber von Gott wich. So ist sie nurmehr Erde mit ihrer naturalen Schwerkraft, in der sich zugleich die in sie eingedrungene Suggestivmacht des Versuchers verbirgt; sie übermächtigt nun auch ihn, den nunmehr „Hilf"-losen. Die „Gehilfin" wird zur Komplizin.

Die Frage bleibt im Raum, warum überhaupt hat Gott den Menschen geboten, vom Baum der Erkenntnis des Guten und des Bösen nicht zu essen, sonst müsse er sterben? Gönnt Gott uns nicht alles? Behält er sich selber in der von ihm geschaffenen Welt etwas Geschaffenes vor, etwas, was nicht Geschenk zu sein bestimmt ist? Röm 8,22 heißt es doch: „Der seinen einzigen Sohn nicht geschont, sondern ihn für uns dahingegeben hat, wie sollte er uns mit ihm nicht auch *alles* schenken?"

Die Antwort auf diese Frage: „Gut und Böse erkennen" ist altorientalische Chiffre für ‚alles wissen und alles machen können'. Seinem Ebenbild Mensch dachte Gott die Entfaltung all seiner Fähigkeiten bis zu einem schier unbegrenzten Wissen und Machenkönnen zu, sonst gäbe es diesen für den Menschen geschaffenen Baum im Paradiese gar nicht. Aber als ein wachsendes Geschöpf wie Pflanze und Tier sollte der Mensch erst reifen für diesen Grad der Ebenbildlichkeit mit dem Schöpfergott:

- reifen in der Anerkennung und Unterscheidung der Grenze zwischen Schöpfer und Geschöpf, die dieser Baum bezeichnete und bedeutete;
- reifen auf solche Weise auch in der Anbetung seines Schöpfers, im Dank für sein Geschaffensein und das der ganzen Schöpfung;
- reifen im zunehmenden Erkennen der Zusammenhänge in der Natur.

So hätte er im wachsenden Maße, in Stufen, die innere Vollmacht wie die entsprechende Tatkraft gewonnen, die der voraufgehende Schöpfungsbericht der Bibel, der „priesterschriftliche", zur Sprache bringt mit der Gottesweisung, „beherrschet die Erde und macht sie euch untertan" (Gen 1,28); er wäre dahin gereift, all seine Gaben und Fähigkeiten, sein menschheitsgeschichtlich zunehmendes Wissen und Machenkönnen in den Dienst einer liebenden Herrschaft über die Schöpfung im Sinne des Schöpfers zu stellen. Er wartet diese Reife nicht ab. Er läßt sich gleichsam nicht die reife Frucht geben. Selber unreif, eigenmächtig, greift er nach ihr, vergreift er sich an ihr.

Bemächtiger Mensch

Die Geste der Bemächtigung von Schöpfung bildet symbolisch den Anfang der Abwendung des Menschen von Gott. Herrschaft über die Erde, wie sie ihm zugedacht war, verkehrt sich nun weithin progressiv in deren Verknechtung, in Ausbeutung von je schwächeren Menschen durch die Stärkeren, in Durchsetzungsmacht, in angstmachende Macht, in Schlachtung und Verzehr der Tiere, im hemmungslosen Zugriff nach den Früchten, Schätzen und Energiequellen der Erde mit den schließlich bis in die Ozonschicht reichenden Verderbensfolgen, wie wir sie in unserem Jahrhundert unausweichlich erfahren. Die satanische Inspiration der Ursünde macht sich in solcher Art der Herrschaftsausübung menschheitsgeschichtlich immer drastischer erkennbar.

Das erste Symbol der gefallenen Welt ist die angebissene Frucht: erst ich, dann der andere, weil und solange ich ihn für mich brauche, zu meiner Ergänzung, Beruhigung – und eigener Machtausübung über ihn und mit ihm als Komplizen über andere.

Die Urversuchung des Menschen ging aus von

einem Wesen mit absolutem Bemächtigungsdrang, ihr Gelingen hat inspirativ menschheitsgeschichtliche Folgen: Der je Mächtigere setzt sich dem hilflos Schwächeren gegenüber durch, physisch, psychisch, geistig, „geistlich" bis zur Beseitigung dessen, der ihm nicht zu Willen oder im Wege ist. Die biblisch gesehen erste geschichtliche Tat ist eine Gewalttat, pervertierte Macht. Kain ermordet Abel. Die Bibel interpretiert sie, wie den ersten Sündenfall, ausdrücklich von der versucherischen Hintergrundmacht her. „ER sprach zu Kain: Warum entflammt es dich? Warum ist dein Antlitz gefallen? Ists nicht so: meinst du Gutes, trags hoch, meinst du nicht Gutes aber: vorm Einlaß Sünde, ein Lagerer, nach dir seine Begierde, aber walte ihm ob" (Gen 4,6f – Übersetzung M. Buber).

Die Strafsprüche

Wie geht es in der Genesiserzählung weiter? Der Mensch wird des Paradieses verwiesen, es war der Bereich sich schenkender Gottesgegenwart (Gen 3,8). Diese erträgt er nicht länger, nur das Kind des Lichtes hält das göttliche Licht aus, und das ist er nicht mehr; weder in ihm selbst noch aus ihm strahlt es so, daß der eine den anderen auch weiter im Lichte sähe, darum empfinden sie sich beide jetzt als nackt, sie verbergen sich vor Gott im Schatten der Bäume.

In dem nun folgenden Dialog Gottes mit den

Menschen kommen die Konsequenzen des Sündenfalls zur Sprache. Von der Schlange ging das Unheil aus, sie verführte den Menschen: durch einen Menschen, einen Nachkommen der Frau, die ihrem Trug erlag, wird sie nun vernichtet werden: „Er wird ihr den Kopf zertreten." Der Frau sodann als der Übermächtigerin des Mannes wird gesagt: „Der Mann wird über dich Herr sein". Er unterlag ihr, als er die von ihr angebissene Erkenntnisfrucht aus ihren Händen entgegennahm; nun sagt er, sich rächend, gleichsam: Ich will dir zeigen, wer Herr im Haus ist. Fortan wird Menschheitsgeschichte einseitig bestimmt sein von Vorherrschaft des Mannes, die der urständlichen Ebenbürtigkeit nicht mehr entspricht. Der Geschichtsgang der Völker in Staat und Politik ist bestimmt von der männlichen Dominanz, Geschichte wurde Kriegsgeschichte, die Frau blieb weitgehend auf Haus, Herd und Bett beschränkt. Der ihr verheißene Nachkomme jedoch wird nicht nur der Schlange den Kopf zertreten, „den Fürsten dieser Welt hinauswerfen", sondern auch der Frau die Ebenbürtigkeit mit dem Mann wiederschenken durch beider Wiedergeburt, durch beider Teilnahme an seinem einen gottmenschlichen Leben aufgrund des Glaubens an ihn. – Wenn dennoch Übermacht des Mannes weiter nicht nur in der Geschichte der Welt, sondern nach und nach auch wieder in der Kirche erfahren wird, so ist das hier wie dort Rückfall in den Zustand der Sündigkeit vor der Erlösung.

Nach den Strafsprüchen Gottes ergeht die Verweisung des Menschen aus dem „Garten Eden", jenem Bereich Erde, dem er entnommen war. Vom Baum des Lebens darf er hinfort nicht mehr essen – flammende Cherube wehren ihm den Eingang in diesen Bereich –, das heißt, er wird sterben, wie es ihm als Folge des eigenmächtigen Greifens nach der Frucht vom Baum der Erkenntnis von Gott gesagt worden war.

Wäre er im Bewahren der Urstandsgnade nicht gestorben? Sicher nicht so, wie wir nun sterben. Es wäre bei ihm dann wohl gegangen wie bei Raupe und Schmetterling: irdische Existenz wäre, in der Hinordnung auf Gott innerlich ausreifend, übergegangen in Ewigkeitsgestalt.

Nun also wird Tod vom Menschen erfahren. Aber er wird ihn nicht in die Abgrundsphäre des Widersachers hineinsterben, da er von diesem getäuscht wurde. Sein Tod ist die von Gott selbst ihm bestimmte Enttäuschung von der satanischen Täuschung, er könne es sich leisten, selber zu sein wie Gott. Was erfährt er? Im Ungehorsam gegen seinen Schöpfer, den Spender des Lebens, erschöpft sich sein eigenes Leben, es erkrankt, es vergeht. Diese Enttäuschung aber birgt in sich die Chance seiner Bekehrung zu dem barmherzigen Gott und Vater, der „nicht den Tod des Sünders will, sondern daß er sich bekehre und lebe". Gott will, daß wir durch unseren Tod hindurch wieder zu dem Leben gelangen, dessen Quelle und dessen Ziel er für uns ist.

Nach allem: Worin besteht die Erbschuld?

In der Verfaßtheit des Menschen, wie sie sich ausspricht in dem Gotteswort: „Es ist nicht gut, daß der Mensch allein sei." Er wird gezeugt und geboren mit einem entscheidenden Defizit: Es fehlt ihm die „Hilfe" zu der Ebenbildlichkeit mit Gott. Es fehlt ihm das Gegenüber, das ihm so konkret, wie er es als leibhaftiger Mensch braucht, zeigen und sagen würde, wer und wie Gott ist und wie Gott sich den Menschen denkt. Wir Menschen bleiben der eine dem anderen die „Hilfe" schuldig, Ebenbild Gottes werden zu können: Das ist unsere Urschuld.

Gewiß, nicht radikal hilflos kommt der Mensch auf die Welt. Die liebende Zuwendung der Eltern, der Umwelt enthält noch Hinweise auf den Schöpfer Gott, auf den Urgrund geschaffener Existenz, aber diese verbleibt als ganze in den naturalen Grenzen der Menschensippe mit ihren jeweiligen Überlebens- und Eigeninteressen, in Konkurrenz mit den Interessen anderer, das Ziel unseres Daseins erreichen wir nicht.

Jede Hilflosigkeit des anderen provoziert den Gebrauch und das Auskosten der eigenen Macht, und sei es die des Wohltäters, der auch auf diese Weise die Niedrigkeit des anderen als ein eigenes Über-ihm-Sein sucht und erfährt – Herabblick, statt Aufblick – und nicht ahnt, daß das die Blickrichtung des Versuchers ist, welcher weiß: Wohin einer schaut, dorthin kommt er. Darum Jesu Wort (Lk 22,25): „Die Könige der Völker herrschen über sie, und die Gewalthaber lassen sich Wohltäter nennen."

Was Erbschuld ist, wird nach dem Sündenfall erkennbar als Hilflosigkeit in einer noch unerlösten Welt. Ich werde geboren, ohne daß ich eine Hilfe als das Gegenüber hätte, das, mich liebend und von mir geliebt, erfahren und erkennen lassen könnte, wer und wie Gott ist und wie Gott sich mich Menschen denkt. Genauso bleibe ich selber dem anderen diese Hilfe schuldig. Also einer dem anderen. Wir alle sind unserer progressiv zutage tretenden Neigung nach Egoisten. Wir verfügen nicht über die Kraft – nach der wir auch weiter verlangen, denn wir sind nicht total verderbt –, die Grenzen des Ego zu durchbrechen, zu überschreiten.

Wir brauchen zwar auch weiterhin den anderen, sind naturhaft angelegt auf Familie Mensch, Mann und Frau, Freund und Freund. Aber in unserem Mit- und Füreinander-Dasein setzt sich der Selbstbehauptungsdrang und das Recht der Stärkeren unweigerlich durch; es kommt zum Gegeneinander, so daß wir als Einzelne, als Gruppe, als Clan, Stamm, Volk andere nicht nur in unsere Abhängigkeit bringen, sondern gegebenenfalls auch zu beseitigen suchen, was wieder deren Gegenwehr hervorruft. Selbstbehauptungs- und Ausdehnungsdrang solcher Art kann Formen furchtbarster Grausamkeit annehmen, die weit hinausgehen über die eines Tieres. Vom Verstand oft kaum kontrolliert, schlimmstenfalls von diesem sogar gewollt und geplant, verrät diese Grausamkeit ihre Herkunft aus der satanischen Suggestivmacht, der wir in der Urschuld – in der Abwendung von Gott, weil wir selber wie Gott sein wollten – Raum gegeben haben.

Geschichtlich ist diese Suggestion in der Regel zuerst bei einzelnen Menschen inspirierend wirksam, vor allem bei solchen, die in den ersten Jahren ihres Lebens hilf-los aufwuchsen, ungeliebt, ohne die Chance, wiederzulieben, lediglich beherrscht von anderen und zur Folgsamkeit gedrillt. So kann ein hemmungsloser Drang nach eigener Dominanz entstehen und je nach Begabung sich übermächtig durchsetzen.

Auch nichtphysische, psychische, geistige, religiöse Weisen der Machtausübung können aus dem Defizit an eigener Erfahrung der Ursprungliebe hervorgehen, können mit einem vielleicht lange gesuchten und gefundenen Nest einer Institution von Macht im Hintergrund autoritär und disziplinär zum Zuge kommen.

Niemand wird widersprechen, wenn man solche Weise der Machtverwaltung auch in der Geschichte der Kirche festzustellen hat; sie hat immer wieder zum Ärgernis der Glaubenden, vor allem aber zum Zerfall der Einheit geführt. Auch heute wird sie von vielen Gläubigen empfunden, erlitten und beklagt. Hat sich die Wachsamkeit der Kirchenleitung in Hinsicht auf den in der Liebe wirksamen Glauben nicht ebenso nach innen zu richten wie nach außen? Mitten in ihren Innenbereich hinein?

Worin besteht die Erlösung?

In der Erhörung unserer aus tausendfacher Erfahrung des „Nicht gut“ der solitären Existenz entstehenden Bitte: „Gott, komm mir zu ‚Hilfe‘“. Daß Gott uns zu Hilfe kommt in unserer tiefsten Not und zuletzt in der Gefahr eines unseligen Sterbens – uns, die wir andere allein lassen und selber alleingelassen werden, spätestens im Tode –, geschieht „in der Fülle der Zeit“ so, daß er selbst unter uns Mensch wird, Mensch in seinem ewigen Du, in seinem Sohn.

Alle Sehnsucht und Erwartung des Menschen überbietend, wird dieser das rettende Gegenüber des Menschen, ja der ganzen Menschheit, *die* „Hilfe“. Mit seinem Leben und Sterben uns zugute kommt er selbst auf für das Defizit unserer Verfaßtheit, soweit es schuldhaft ist, um uns aufgrund der Vergebung, die wir durch ihn erlangen, sofern wir ihm glauben und ihm vertrauen, an seinem eigenen göttlichen Leben unmittelbar zu beteiligen. Er ist das Erbarmen Gottes des Vaters, daß er uns Menschen ihm schenkt und uns zugleich die innere Offenheit für ihn als unsere Hilfe, als unser helfendes, heilendes, rettendes Gegenüber. Im Hinblick auf ihn sind wir der Gewalt der Finsternismacht entrissen, die uns durch Isolierung, durch Abspaltung von Gruppen oder einzelnen untereinander in Abwendung von Gott zu Unmenschen oder zu deren Opfern, zu Kümmerformen von Menschen machen könnte.

Solche Isolierung und Spaltung verewigen sich nicht, wo immer Menschen unter ihnen leiden und Hilfe suchen: das Angesicht des barmherzigen Gottes zeigt sich ihnen in Jesus Christus und seinen Jüngerinnen und Jüngern, die er sendet, daß sie die Hilfe der Verlassenen werden. Jesu Gebet zu Gott, seinem Vater, in dem sich seine Sendung und seine Frohbotschaft, die vollkommene Überwindung unseres erbsündigen Alleinseins und Alleinlassens zusammenfaßt, lautet: „Vater, ich will, daß sie eins seien, wie du in mir und ich in dir, so sollen auch sie unter sich eins sein." Er wurde und wird erhört, der *eine* Mensch mit uns Menschen. In seiner Nachfolge, auf dem Wege mit ihm, eins mit ihm, in die hinein er sein Leben ausdehnt, wie der Weinstock seinen Saft in die Reben, sind wir seine Erfüllung, seine „Fülle" – und zugleich sein zeitliches und ewiges Gegenüber, auch wir seine Hilfe, die er, der Menschgewordene, mit ewiger Liebe lieben kann und von denen er wiedergeliebt wird. „Komm, ich werde dir die Braut zeigen, die Frau des Lammes" (Offb 21,9).

Exkurs: Wie ordnen sich in die biblische Sicht von Erbsünde und Erlösung Ehe und Ehelosigkeit ein?

Durch Glauben und Taufe von der Erbschuld befreit, ist der Mensch aufs neue „aus Gott" (1 Joh 4) durch Jesus Christus. Im Hinblick auf ihn ist und wird er selbst Christ, dergestalt, daß er dem anderen – der Mann der Frau und die Frau dem Mann – wieder die „Hilfe" zur Ebenbildlichkeit mit Gott werden kann, wobei jeder den andern nunmehr auch mit der Last der Reste seines alten Menschen, die ihm nach der Taufe verblieben, in je größere Liebe zu tragen und zu ertragen hat. Entscheidend für das Gelingen der Ehe ist ihre Eingründung im Neuen Bund.

Es gibt nun auch Menschen, die von Jesus Christus als dem völlig einzigartigen Ebenbild Gottes so betroffen sind, daß er selbst, sein Antlitz, sein Wort, sein Beispiel, ihr einzig erwähltes Gegenüber als Hilfe zur eigenen Ebenbildlichkeit mit Gott wird. Aufgrund der Menschwerdung Gottes in Jesus Christus ist ein Leben in der unmittelbaren Ausrichtung auf Jesus durch den in der Liebe wirksamen Glauben an ihn denkbar. Wie in den Jüngerberufungen des Neuen Testamentes, so erfahren sich auch weiterhin Menschen als zu dieser Lebensform ersehen, so daß sie keine eheliche Bindung eingehen, nicht selten allerdings auch, weil es so ihrem Naturell entspricht.

Beide Stände – christliche Ehe und Ehelosigkeit – sind dazu berufen, je auf ihre Weise das bräutliche Verhältnis des Gottesvolkes zu seinem Schöpfer und Erlöser zu leben und zu veranschaulichen. In der Offenbarung des Johannes wird am Ende der Zeiten eine erlöste Menschheit als die „Braut", „die Frau des Lammes" offenbar. Zu ihr gehören alle, die die erste Liebe bewahrt haben.

III

„Macht sie euch untertan“

Die Perversion im Verständnis des Auftrags von Genesis 1, 28

Zwei die Geschichte der Menschheit bestimmende und deutende biblische Voraussagen, allzulange nur auf den Einzelmenschen hin ausgelegt, erweisen mehr und mehr ihre menschheitsweite Bedeutung, sind im Begriff, sich endzeitlich zu bewahrheiten, so scheint es uns – Gott allein kennt das Wann und das Jetzt der letzten Dinge und wieviel Zeit uns seine Langmut noch zumißt.

Die beiden Worte – Genesis 2, 17: „Vom Baum der Erkenntnis des Guten und des Bösen sollst du nicht essen, denn an welchem Tage du davon ißt, so wirst du sterben", und Matthäus 26, 52: „Alle, die das Schwert ziehen, kommen durch das Schwert um" – diese beiden Worte korrespondieren miteinander und ergänzen einander, obwohl fast ein Jahrtausend zwischen ihrer Verfasserschaft liegt. Das eine wird von der Bibel dem Schöpfergott in den Mund gelegt, es deutet uns die Entlassung der Menschheit aus paradiesischem Unschuldsbereich in Geschichte, die weitgehend Unheilsgeschichte ist und in die Todessphäre führt, als solche nach dem Heil schreit. Das andere ist das letzte ausdrücklich an alle Menschen gerichtete Wort Jesu vor seinem Tod: „Alle, die das Schwert ziehen, kommen durch das Schwert um."

„Gut und Böse erkennen" ist ein altorientalisches Codewort für: alles wissen und alles machen können. Die Voraussetzungen dafür sind im Menschen eingeschaffen, er vermag den naturalen Gegebenheiten der Schöpfung mit seiner zunehmenden Intelligenz auf den Grund zu dringen, ihre Bausteine auseinanderzunehmen und sie in den Dienst seiner Bedürfnisse und Schaffensimpulse zu stellen. Geht er jedoch an sein Werk ohne Verbundenheit mit Gott, sieht er ab von seiner Weisung, weil er Autonomie will, weil er der Lüge erlegen ist, er könne es sich leisten, selber wie Gott zu sein, so hat er den Schlüssel für das letzte Woher und Wohin und für den Zusammenhang allen Seins und Tuns und damit den Sinn von allem, auch seiner selbst, verloren.

Aufgrund des Urbildverlustes in der Abwendung von Gott sucht nun der zum Ebenbild Gottes Geschaffene vergeblich sich selbst, denn er ist nicht er selbst. Diese Suche entartet alsbald mit progressiv immer schlimmeren Konsequenzen in Selbstsucht. Der beauftragt und befugt war, die Erde zu beherrschen, nicht anders freilich als in der Weise Gottes, durch die Hellsicht und schöpferische Macht einer Liebe, der am anderen liegt, wie am einzelnen, so an allen, er verkehrt diese Ermächtigung in Tyrannei, er braucht und begehrt den anderen und am Ende alles andere für sich, sucht es in den Dienst der Eigenverwirklichung zu nehmen, für sich auszubeuten, läßt fallen, was ihm dazu nicht länger taugt, und beseitigt, was diesem Drang etwa im Wege steht.

Der Schöpfungsauftrag

„Beherrschet die Erde und macht sie euch untertan“ – dieses Wort reißt er hinein in ein Mißverständnis des wirklichen Gottes, den er von seiner eigenen sündigen Verfaßtheit her nur als allmächtigen Gewaltherrn sieht. Was aber bedeutet dieser Schöpfungsauftrag nun wirklich? Gott gibt die Schöpfung, die aus seiner Hand kommt, zugleich in unsere Hand, er nimmt uns als seine Ebenbilder in Mitverantwortung für diese Erde. Sein Urauftrag lautet: Lichtet Dschungel, rodet Dickichte, zähmt das Wilde, legt Sümpfe trocken, gebt Wäldern, Feldern und Gärten ihre Gestalt, bahnt Wege und Pfade, schafft Straßen. Die Schönheit der Natur hat einen Resonanzboden in eurer eigenen Seele. Wie ihr sie erfahrt, sagt es, drückt es aus in Sprache, Musik, bildnerischer Gestalt.

Gott hat die Welt erschaffen, als Spiegel seines Wesens werden wir beteiligt an der Ausgestaltung und Auswertung der Schöpfung zu unserem Wachstum und Heil, sind dabei aber zugleich mitverantwortlich für sie. Die Natur ist nicht etwa ein

Objekt, uns übergeben, als gehörten wir nicht zu ihr, als seien wir nicht angewiesen auf sie, wie sie auf unseren Dienst an ihr. Wir können mit ihr nicht machen, was wir wollen; sie ist das je Vorgegebene. Unser Umgang mit der Natur darf nie ausklammern, daß wir mit ihr und sie mit uns Gottes Schöpfung sind. Gott hat uns die Fähigkeit gegeben, zu erkennen, wie alles in der Natur einen Zusammenhang bildet, miteinander vernetzt ist; jedem Geschöpf ist sein Platz im Universum zugeordnet. Beherrschet die Erde und macht sie euch untertan – das will besagen: „Geht im Sinne des liebenden Gottes mit ihr um."

Gottes Herrschaft ist dadurch gekennzeichnet, daß sie, indem sie die Kreatur in Dienst nimmt, diese in ihr eigenes Wesen bringt, sie als sie selbst sein läßt. Adam gibt den Tieren ihren Namen, das bedeutet: Er, Ebenbild Gottes, erkennt ihr Wesen, auch sie sind Geschöpfe, denen es wie ihm um etwas geht, und worum es ihnen geht, das macht ihre Eigenart aus, und diese erkennt Adam. Ihr hat er gerecht zu werden, er darf die Natur nicht einfach zum Objekt seiner Begierde und seiner selbstischen Ziele machen, er hat ihr zu dienen wie sie ihm, er ist selbst Natur, er und sie bestehen auf die Dauer nur in gegenseitiger Angewiesenheit.

Die Perversion des Schöpfungsauftrags

Wir aber haben Jahrmillionen gleichsam von den Zinsen eines uns zur Verfügung stehenden Grundkapitals „Natur“ gelebt. Jetzt, da wir die Natur nur noch als beliebiges Objekt sehen, sind wir dabei, dieses Kapital hemmungslos anzugreifen und zu veruntreuen, unsere Lungen, die Wälder, zum Sterben zu verurteilen, unsere Luft zu verpesten, unsere Gewässer zu vergiften und Tierarten in großer Zahl auszurotten. Niemand wird das vertane Grundkapital wieder auffüllen können. Denn wir können wohl Leben vernichten, aber nicht Leben schaffen, sondern nur technisch Fabriziertes an seine Stelle zu setzen versuchen.

Das Sich-Ausbreiten einer technischen Welt auf Kosten der Natur, einer Welt, in der das Machen und Planen, der Kommerz und der Konkurrenzkampf im Herstellen von Dingen und Geräten das geistige Klima bestimmen, gipfelt in den Rüstungsanstrengungen der Großmächte, die als Schlüsselindustrie auch das Fortschrittstempo im gesamten industriellen Bereich weltweit mitbestimmen. Und damit komme ich zu dem Wort Jesu: „Alle, die das Schwert ziehen, werden durch das Schwert umkommen.“

Beseitigung des Bruders, der dem Egoanspruch des anderen im Wege ist, geschieht in symbolischer Verdeutlichung gleich im geschichtlichen Anfang der Menschheit, wie ihn die Bibel erzählt.

Zwei Brüder sind da. Kain, mit seinem Opfer von

Gott abgewiesen, offenbar, wie seine Reaktion zeigt, weil er Anerkennung sucht, nicht Erbarmen, tötet Abel, seinen Bruder, weil dieser von Gott angenommen wird. Die erste in ihrem Entstehen wie in ihrer Auswirkung erzählte Tat des Menschen ist in der Bibel eine Gewalttat. Sie könnte am Ende die letzte einer kainitischen Menschheit sein. Gott hat den Menschen gewarnt, es werde sein Tod sein, wenn er selber sein wolle wie Gott, die ihm verliehenen intelligenten, psychischen und physischen Kräfte ohne den Kompaß des Gewissens und der göttlichen Weisung gebrauche. Diese Warnung galt, so ist der biblische Urmythos zu verstehen, nicht nur dem menschlichen Individuum, sondern auch der Menschheit. Sie bezog sich von vornherein auf den evolutiven Verlauf ihrer Geschichte und ihr mögliches Ende. Entsprechend Jesu Wort: „Alle, die das Schwert ziehen, kommen um durch das Schwert."

Diese Worte sind Prognose, Prophetie, also nicht etwa kasuistisch auslegbar wie eine Gesetzesvorschrift.

In Jesu Wort geht es um die Todeswaffen in der Hand jenes gefallenen Menschen, dessen Vorstellung von Macht ebenso tief falsch ist wie sein Gottesbild. Um sie, um sich und seine Sache durchzusetzen, zu behaupten, zu verteidigen oder auch auszudehnen, erfindet und braucht der Mensch immer fürchterlichere Waffen. Aus der Keule Kains werden in jahrtausendelanger Entwicklung von Instrumenten der Gewaltausübung die Ausrüstungen der Kriegsheere. Das zeichenhaft erste, von dem uns die Bibel berichtet, sind die Streitwagen und Rosse des ägyptischen Pharao hinter den Hebräern her in der Paschanacht: Das Meer verschlingt sie, während das waffenlose kleine Aramäervolk behütet und gerettet wird, weil Gott auf seiner Seite ist; denn es soll das messianische Volk werden, aus dem der gewaltlose Befreier aus aller Macht des Bösen kommt. Inzwischen dringt diese Macht geschichtlich weiter vor. Seit Kain Abel erschlug, werden entsetzliche Tode gestorben, die Menschen einander zufügen, Terrortode, Foltertode, Hungertode, Völkertode.

Das furchtbarste Beispiel von Tod, das die Menschheit unseres Jahrhunderts erlebte, war Auschwitz, eine Art zweites Golgota. Danach fielen die Bomben von Hiroshima und Nagasaki. Die Erfindung der Atombombe signalisiert ein mögliches drittes Golgota, das der Welt; wir selbst können es herbeiführen. Die Atombombe markiert die Schwelle zum Ende unserer Zeit.

Die Erfindung der Atombombe, deren Auslösen in wenigen Augenblicken Millionen von wehrlosen Menschen töten oder einem entsetzlichen Siechtum ausliefern und die Natur auf Jahrhunderte verheeren kann, markiert die Schwelle zur letzten Endzeit. „Die Politik selbst ist letztlich ohnmächtig, das Dämonische selbst in ihrer Mitte zu überwinden. Dazu braucht es eine andere Dimension" (Erzbischof Hunthausen, USA).

Jetzt kann nur noch eines die Menschheit retten:

ihre Anheimgabe an den lebendigen Gott – die Rückkehr zu ihrem Schöpfer, der nicht ihr Verderben will. Die noch an Gott und Christus glaubenden Menschen haben hierbei den ersten, immer wieder den ersten Schritt zu tun. Es gibt einen Brükkenkopfrest von Gemeinsamkeit zwischen Menschen und Völkern, der auch dann noch bleibt, wenn es keine Verständigung der Weltanschauungen gibt. Was ist das? Das ist ihr objektiv gemeinsamer Gottbezug. Auch der andere ist ein Geschöpf Gottes. Auch in dem anderen wirkt Gott. Der Christ glaubt an Gott auch in seinem Gegner.

Selig, die keine Gewalt anwenden

Einzig aus seiner gekreuzigten Liebe heraus kann es geschehen, daß einer wieder Gottes Angesicht sucht und dem Bruder nicht mehr mit der gleichen kainitischen Waffe begegnet. Das wirkliche Suchen nach Gottes Angesicht schlägt auf die Dauer die kainitische Waffe wie von selbst aus unserer Hand, wenn sie je darin war, oder macht es unmöglich, sie je wieder zu ergreifen, wenn einer sie in der Hand des anderen sieht. Man liest übrigens nichts von einem Zweikampf der Brüder Kain und Abel, wie in außerbiblischen Urmythen von rivalisierenden Brüdern, wo einer der größeren Gewalt oder List des anderen erliegt. Sondern Kain erschlägt, Abel läßt sich erschlagen. Nachdem Gott selber sich als der neue Abel ins Menschheitsspiel brachte, in

Jesus göttlich und menschlich liebend, darum ohne jede Waffe, die Gewalt und Furcht bedeutet, und so den Tod besiegend, sind seine Waffen – Jesu Waffen, unsere letzte Chance, wenn wir sie im Glauben ergreifen. Glaube ist das zunächst und immer wieder betende Vertrauen auf die Siegeskraft der Waffen Jesu. Diese töten nicht, sondern erwecken; sie richten nicht zugrunde, sondern retten; sie ermorden nicht, sondern verwandeln den Mörder.

Wie in keiner früheren Weltstunde fordert der neue Abel der Menschheit, Jesus, seine Jünger zum Verzicht, zum Abbau der kainitischen Waffe, zum Ernstnehmen der dritten Seligpreisung der Bergpredigt auf: „Selig, die keine Gewalt anwenden, denn sie werden das Land erben", es fällt ihnen zu. Das Lamm Gottes sendet die Seinen heute wie in den ersten Zeiten der Christenheit wie Lämmer mitten unter die Wölfe.

Man könnte sich fragen: Wird diese Sendung nicht in einer einzigen Katastrophe enden? Lukas berichtet anderes, das Wunder. Die wie Lämmer unter die Wölfe gesandten Jünger kehrten unversehrt, ja voll Freude und Jubel zu Jesus zurück. Überall in den Städten und Dörfern haben sie Freunde gefunden, Sympathisanten, Menschen des Friedens, die sie in ihren Häusern aufgenommen haben, die sie mit allem versorgt haben. Um sie herum begann sich das neue Israel zu sammeln. Später entstehen kleine Gemeinschaften, Gemeinden über das ganze Land, die alle vom Reich Gottes ergriffen sind, die einander vertrauen, die miteinander teilen, die sich umeinander sorgen. Aber mehr noch, selbst „die Dämonen waren ihnen untertan", wie sie ausdrücklich bei ihrer Heimkehr zu Jesus sagen. Schlangen und Skorpione konnten ihnen nichts anhaben. Das meint die Dämonen der Macht und der Rivalität, der Gier und der Spaltung, die sich in der Wolfsgesellschaft austoben und ihre furchtbaren Spuren hinterlassen, die weichen vor dem Geist der Liebe, der die Jünger beseelt. Diesen dämonischen Zwängen gegenüber haben die Jünger eine Erfahrung gemacht, die sie mit tiefer Freude erfüllt. Überall da, wo das Reich Gottes ausgerufen und angenommen wird, wo Menschen im Namen Jesu zueinander hinfinden und zusammen handeln, da wird das Menschenunmögliche dennoch möglich.

Weltgeschichtlich gesehen bestimmt der kainitische Teil der Menschheit auch weiterhin den Lauf der Geschichte. Ja, in der perspektivischen Sicht des ersten Johannesbriefes befindet sich die ganze Welt am Ende in der Macht des Bösen (1 Joh 5,19). Ihr atomares Rüstungspotential ist schließlich so etwas wie die satanisch geballte Faust gegen den Gott des Lebens. Es leitet – so sieht es die Bibel – eine Drangsal ein, wie es seit Anbeginn der Welt keine gab noch je geben wird, so daß kein Mensch gerettet würde, wenn Gott die Zeit nicht abkürzte (Mk 13).

Aus Angst vor dieser Katastrophe setzen auch weiterhin viele getaufte Menschen auf die kainitische Waffe, auch auf die nukleare Waffe. Man muß dem Wolf ein gleich gefährlicher, ja wo möglich ein noch gefährlicherer Wolf sein, damit er einen nicht zerreißt. Daß auch Christen so argumentieren, hat seinen Grund mit darin, daß sich die Christenheit in einer langen Geschichte, eingeleitet durch Kaiser Konstantin, daran gewöhnt hat, daß ihr der Staat zu ihrem Schutz und zu seiner Ausdehnung mit seinem Schwert diente, so wie die Kirche dann das Schwert des Staates segnete.

Im ersten römischen Hochgebet bringt die betende Kirche ihren Glauben zur Sprache, daß Gott das Opfer seines Sohnes nur dann aus unseren Händen annimmt, wenn wir es auch selber in der Gesinnung Abels darbringen: „Nimm dieses Opfer an aus unseren Händen wie das Opfer deines gerechten Dieners Abel.“

Wenn die Kirche nicht als erste in ihren maßgeblichen Instanzen dem Wort Jesu gehorcht, wenn sie sich in das politische Mächtespiel mit seinem Weiterdrehen an der widergöttlichen atomaren Schraube zur illusionären Gleichgewichtsherstellung weiter einläßt, statt sich radikal von diesen Waffen zu distanzieren und auf nichts anderes zu drängen als auf ihren schrittweisen Abbau, wird sie mitschuldig werden. Kain sieht dann statt des Kreuzes Jesu seine eigene Waffe auch über dem Haupt der Kirche erhoben. Das aber würde bedeuten, daß sie die Vollmacht verlöre, Kain zu überwinden. Denn nur Abel bekehrt Kain.

IV

Der wehrlose Gott

Gewalt in dieser Welt

Die – biblisch gesehen – erste geschichtliche Tat ist eine Gewalttat. Kain ermordet Abel. Die Bibel interpretiert diese Geschichte ähnlich wie den Sündenfall von einer versucherischen Hintergrundmacht her. Gott warnt den nicht mehr aufschauenden Kain vor der Untat mit den Worten: „Warum ist dein Antlitz gefallen? Ist's nicht so: meinst du Gutes, trag's hoch! Meinst du nichts Gutes aber: vorm Einlaß Sünde, ein Lagerer, nach dir sein Begier, du aber werde Herr über ihn", so die Übersetzung Martin Bubers. Das will sagen: Wenn du Gott nicht mehr im Auge hast, kauert und lauert da einer, der dich zur Sünde ermächtigen will, damit du in seine Macht kommst.

Das Johannesevangelium sieht ähnlich wie die Genesis schon in der ersten Versuchungsgeschichte das Böse personal. Für den Bösen hat es drei Bezeichnungen: „Vater der Lüge", „Fürst dieser Welt", „Menschenmörder von Anbeginn". In ihrer Reihenfolge entsprechen diese Namen der Weise, wie jede Gewalt in dieser Welt vorgeht, die sich durchsetzen oder gar absolut setzen will, sei es mit Mitteln der Lockung oder der Drohung: zuerst lügt sie, dann zwingt sie, dann beseitigt sie, was ihrem Machtwillen widerstrebt.

Die Atombombe markiert die Schwelle zum Ende unserer Zeit. Sie ist nun etwas wie die geballte Faust gegen den Gott des Lebens, „die Zusammenfassung der bösen Gewalt von Jahrzehntausenden in dämonischer Umkehr der Macht des Schöpfers, Leben zu geben". Dieses Wort des amerikanischen Bischofs Hunthausen läßt an die prophetische Stelle im 5. Kapitel des 1. Johannesbriefes denken: „Die ganze Welt befindet sich im Machtbereich des Bösen" (V. 19). Gemeint ist die Welt, sofern sie weiterhin wie Kain Gott aus dem Auge läßt und so progressiv unter die Zwänge der Selbstsucht gerät, in zunehmender Anfälligkeit von Völkern und einzelnen gegenüber den Suggestionen der widersacherischen Macht. Ihr Geschichtsgang mündet aufgrund der Abwendung vom Lebensquell im Tod.

Jesus überwindet das Böse

Auf und in eine solche Welt, die weithin zu einem Widerspruch zu ihrem Schöpfer und seinem Wesen wurde und der der Untergang in Sinnlosigkeit droht, hat Gott sich eingelassen. Warum? Um sein Ziel mit ihr, die er auf Liebe und Freude hin schuf, dennoch zu erreichen, um den „Fürsten dieser Welt hinauszuwerfen" (Joh 12,31), um die Sünde in Erkenntnis, Bekehrung und Vergebung hinüberzuführen und dem Tod die Wende zu bleibendem Leben einzustiften. Wie macht er das?

Er leidet und stirbt in ihr und mit ihr wie Abel durch Kain. Wir fragen jetzt nach dem Wie seines Leidens. Worin unterscheidet es sich von dem so unzählig vieler, und wodurch hat es erlösende, umschaffende, die Weltenwende herbeiführende Macht?

Jesus lebte aus dem Urgrund Liebe. Es gab deshalb in seinem Wesen, dessen Energie und Wirkmächtigkeit in der Menschheitsgeschichte einzigartig waren, keine der üblichen Möglichkeiten von Abwehr des Bösen, das ihm andere zufügten, so wenig wie bei einem wehrlosen Kind. Er hatte nur die Waffen der Liebe; aus innerster Freiheit schlug er den Gebrauch jeder anderen Waffe aus. Und so liebend war er, das heißt so sehr der *eine* Mensch mit uns Menschen, daß er sich mit uns und uns mit sich als etwas völlig Zusammengehöriges erfuhr. Wir gingen und gehen ihn so an, wie wenn meine Augen oder meine Hand Wohltuendes oder Wehes erfahren: Das erfahre dann doch *ich.*

Jesus konnte sich nicht distanzieren und nicht immunisieren gegen das Böse, das rings um ihn geschah – es ging immer auch ihn an –, und erst recht nicht gegen das Böse, das man ihm selbst antat, wie wir das können mit unseren Schutzmechanismen und Abwehrreaktionen. Wenn jemand uns geflissentlich einen Schmerz zufügt oder sich sonstwie feindselig verhält, dann werden wir unwillkürlich selber auch aggressiv. Der uns da etwas antut, bleibt außerhalb von uns, wir weisen und wehren ihn ab, empören uns über ihn, wünschen ihn weg.

Und Jesus? Die einzige Waffe eines dreijährigen Kindes sind seine Tränen. Nun der Mann in der Getsemaninacht. Er sieht sich der geballten Macht des Bösen gegenüber. Sie kommt auf ihn zu. Und sein innerster Mensch *geht* auf sie zu. Sein Schweiß wird wie Blut, das zur Erde tropft, so sagt Lukas. Was ihm das Blut aus den Poren treibt, ist unser Böses, dieser Arbeiter „arbeitet" es auf. Das ist noch einmal Adam, zu dem Gott sagt: „Im Schweiße deines Angesichtes sollst du dein Brot essen". Das Brot, um das es diesem neuen Adam geht, das seinen Hunger stillt, sind wir, die wir so zu ihm gehören, daß er nicht anders kann und will als für uns leiden, was er durch uns leidet.

Dann fesseln ihn ein paar Menschen, binden ihm Stricke oder Ketten um die Handgelenke; es kommt der Augenblick, wo sie ihn zu geißeln beginnen. 39 Geißelhiebe waren das nach der Regel. Die Lederbänder waren mit spitzen Eisenstücken besetzt. Der Körper wurde aufgerissen, wurde etwas wie *eine* Wunde – manche starben dabei. Dann setzt ihm die Soldateska einen Dornenkranz auf, die Stacheln dringen ihm tief in die Kopfhaut, in die Schläfen. Aber für ihn sind diese Leute keine Soldateska. Er sieht Menschen. Er sieht jeden einzelnen von ihnen, die von Spott und Hohn oder Wut entstellten Gesichter derer, die die Folter vollziehen. Aber da er nur eines kann und will: lieben, weil die Liebe sein Wesen ist, sieht er hinter diesen Gesichtern zugleich ihre arme Vergangenheit, ihre Kindheit, die Umgebung, in der sie groß wurden.

Er lebte selber ja dreißig Jahre in einer Stadt, die weithin auch solche Leute bewohnten, in einer Stadt, von der Natanael sagt: „Wie kann aus Nazaret Gutes kommen?", deren Bürger ihn nach seiner ersten Predigt in ihrer Synagoge zu töten versuchten (vgl. Lk 4,29) – da entlud sich ihre durch viele Jahre aufgestaute Aggression gegen ihn. Sie hielten ihn ja nicht aus, da er so anders war, so rein, so gerecht; sie hielten es nicht aus, daß er sie aushielt. Aus dem Mitleben mit diesen kleinen Leuten weiß Jesus, wie viele Menschen ungeliebt aufwachsen, wie sie ganz früh schon von Engstirnigkeiten, Vorurteilen und Grausamkeiten ihrer Umgebung geprägt, auch wie sie vernachlässigt und verstoßen werden, in wie vielen Zwängen sie stecken.

Und sind jetzt nicht ihm jene die Nächsten, die man lieben soll wie sich selbst, die ihm das Schlimme antun? Wer sonst? Unaufhörlich betet er in seinem Innern für sie – nicht erst am Kreuz: „Vater, vergib ihnen, denn sie wissen nicht, was sie tun". Er weiß, es ist besser, alles Böse tobt sich gegen ihn aus als gegen irgendeinen anderen, der dadurch auch wieder böse und vielleicht noch böser wird, weil dieser ja nicht anders kann, weil er ja die Kraft nicht hat, dem Bösen, je böser es ist, Gutes entgegenzuhalten. Darum ist es doch besser, das Böse trifft ihn, Jesus, so daß es nicht weitergeht, sondern an ihm sich erschöpft. Einer muß es doch sein, bei dem dies geschieht, gegen einen muß es sich zusammenziehen. Einer muß es doch durch das Gute überwinden.

Einer muß darum auch bewirken, daß alles Böse, damit es besiegt werde, sich unweigerlich ihm stelle; einer muß es so provozieren, daß es enttarnt wird, daß auch und gerade die Bösen, die es so gar nicht zu sein meinen und scheinen, mit ihrem Bösen aus ihren Verstecken heraus massiv böse werden. Wen hat Jesus denn in besonderem Maße provoziert? Wer hat am Ende Jesus getötet? Wegelagerer, Räuber? Wer hat beschlossen, ihn aus der Gemeinschaft seines Volkes und der Menschheit so wirksam auszumerzen, an fünf Nägeln aufgehängt, daß seines als eines notorischen Verbrechers nicht mehr gedacht würde? Verantwortungsträger der Religion und Politik seiner Zeit, Menschen von hohem moralischem Ansehen, deren Existenz aufging in Studium und Auslegung von Gesetz und seiner Anwendung auf alle Lebenslagen. Sie kannten sich aus mit diesen Vorschriften. Diese Kenntnis machte ihre Autorität, aber zugleich auch ihre Überlegenheit gegen Laien, Analphabeten, Arme und Sünder aus. Und eben darin lag zugleich auch ihre tiefe Gefahr, die der Erblindung in Hinsicht auf das eigene Herz, die Gefahr des Blickes nach unten, des Stolzes, des Balkens im eigenen Auge – jede andere Sünde ist ja nur ein Splitter von diesem Holz.

Mit seiner grenzenlosen Liebe, die bestimmte gesetzliche Grenzziehungen in messianischer Vollmacht aufhob, mit seinem heilenden Berühren von Aussätzigen, mit seinem Zu-Tisch-Sitzen bei Gesetzlosen, aus denen er Jünger erwählte, mit seinen Heilungen am Sabbat hat Jesus niemand anderes so sehr wie die Hüter des Gesetzes provoziert. Aber auch das geschah aus Liebe, aus Liebe zu ihnen. Nicht anders konnte er sie, uns – wie Gott den Adam aus seinem Versteck – aus der Burg ihrer Selbstgerechtigkeit hervorrufen zu entsprechendem Tun. Das lauernd Böse, das Mordende der im Stolz verborgenen Nichtliebe mußte so offenbar werden. Es gab und gibt Jesus gegenüber – als dem Licht, das in die Finsternis leuchtet – nur eine Alternative: es als rettendes zu erkennen oder den Versuch zu machen, es auszulöschen. Jesus hat das gewußt und sehr früh vorausgesagt, daß man ihn töten würde. Er wußte, daß seine Liebe bis zu diesem schrecklichen Ende seiner Kreuzigung gehen müsse, wenn er die Menschen aus ihren Fesseln befreien und zu der Freiheit seines eigenen Wesens führen wollte. Abel wehrte sich nicht gegen Kain. Warum erschlug ihn Kain? Weil er ihm sein eigenes Nichtbestehen vor Gott verdeutlichte. Diese Verdeutlichung ist der Anfang der Ermöglichung von Umkehr. Nur Abel, wehrlos, bekehrt Kain.

Die Versuchung der Mächtigen

Alle Träger von Macht und Rang sind progressiv gefährdet vom Defizit an Betroffenheit, an Betroffenheit durch eine Armut, die zur Identifikation provoziert und die das eigene Herz angeht, vom Defizit an konkreter Begegnung mit dem Leid der Kreatur, mit den quälenden Problemen von Mitmenschen – sofern sie nicht selbst gegen dieses Defizit etwas ganz Konkretes tun. Die maßgebenden Autoritäten in Jerusalem haben Jesus, bevor sie seine Kreuzigung beschlossen, weder selbst gehört noch sein Heilstun gesehen, auch das Glück und die Seligkeit derer nicht gesehen, die er heilte, der Blinden, die wieder sehen, und der Lahmen, die wieder gehen konnten. Jesus selbst aber ist sein Leben hindurch bis zum Tod der unmittelbaren Betroffenheit von Leid, Jammer, Elend, Krankheit und Sünde seiner Brüder nie ausgewichen. Im Gegenteil, in eine solche Welt ging er hinein, und in ihr verblieb er bis zu seiner Kreuzigung. Wo keine Betroffenheit mehr ist, beginnt die grausame Abstraktion von der Praxis der Liebe, beginnt der Schwund im Begreifen der Wirklichkeit, die im Kreuz von Golgota ihre Mitte bekommen hat, beginnt die Verfallenheit an die falsche Art Macht. Wer, vielleicht zunächst völlig unwillkürlich, zum Kreuz in praktische Distanz gerät, es nur noch im Kult, in der Beobachtung eines religiösen Pensums wirklich ernst nimmt, während seine ganze Lebensweise ein Widerspruch dazu wird, beginnt unweigerlich, sich unter die mitleidlosen Zuschauer der Kreuzigung einzureihen.

Die Liebe ist stärker als der Tod

Jesus Geheimnis war, daß er wie kein anderer vor ihm und nach ihm der Liebe glaubte. Er, der „Anführer und Vollender unseres Glaubens" (Hebr 12,2), er vertraute, daß die Liebe Gottes alles verantwortete, was ihm begegnete, daß sie stärker war als alle den Tod herbeiführenden Mächte, ja als der Tod selbst. Mit diesem Vertrauen behielt er recht. Er, die Urliebe selbst in ihm, das Leben in der Quelle, überschritt die Grenzen des Todes, durchbrach die Grabesdecke über der Unterwelt nach oben hin zum lebendigen Gott, er als erster von uns; denn nun erst recht erweist sich unser Leben, unsere Zukunft, ja schon unser Hier und Jetzt mit ihm eins: Der eine Mensch mit uns Menschen ist für uns und mit uns zu Gott erhöht, wir sind in ihm, er ist in uns, er ist unsere Heimat, unsere Geborgenheit, unser Lebenslicht.

Es ist schwer zu fassen, daß Ostern, dieses schlechthin revolutionäre Ereignis der Menschheitsgeschichte und des Kosmos, das Ereignis der Überwindung des Todes und damit einer Welt der Zwänge und der Angst, die allermeisten Christen so wenig erschüttert und darum auch in der Ausrichtung und Praxis ihrer Existenz so wenig verändert – dahin verändert, daß sie der alles überwindenden Macht der Liebe glauben und aus ihr zu leben suchen. Denn wenn es *eine* Quintessenz der Erkenntnis aus dem Geschehen der Kreuzigung Jesu gibt, eine mit umwerfenden Folgen, dann ist es diese: Gott zwingt nicht, er vertraut; Gott tötet nicht, er erweckt von den Toten.

Gott befreit, indem er vertraut

Nicht zu allen Zeiten der Kirchengeschichte waren Bewußtsein und Gewissen der Christen ähnlich wie heute von der Erkenntnis erhellt, daß die Welt der Zwänge nicht die Welt Gottes ist, daß sie unmenschlich und widergöttlich ist. Wenn Gott kommt, dann heißt das: Er kommt, um Geknechtete zu befreien. Als dieser Befreier eröffnet er bereits den Wortlaut der Zehn Gebote: „Ich bin der Herr, dein Gott, der dich aus dem Land Ägypten, aus dem Sklavenhaus, herausgeführt hat" (Ex 20,2).

Und wie befreit Gott? Setzt er zu unserer Befreiung aus Krankheit, Angst, Not und Sünde einen anderen Zwang? Beseitigt er seine Widersacher nur durch eine entsprechende größere Macht? Mit den gleichen Mitteln? Mit psychischer oder physischer Gewalt, unter Drohung oder Lockung? Was tut er? Das genaue Gegenteil von allem, was Zwingen heißt: Er vertraut. Er beginnt sein Leben als Mensch damit, sich uns anzuvertrauen als ein schutzloses Kind. Gott vertraut jenem Rest von Freiheit im

Menschen, durch den auch der Sünder noch Person ist. An diesem Vertrauen hält er fest bis zu der Stunde, in der er selbst das Lamm ist, das seinen Mund nicht auftut vor seinem Scherer. Er wird sich nicht untreu. Er vertraut auch jetzt, da man ihn kreuzigt. Die wehrlose Liebe Jesu appelliert an die vielleicht einzige Stelle im Menschen, wo er noch frei ist, seinerseits eine Entscheidung für wirkliche Freiheit zu treffen. Es mag nicht viel Vertrauenswürdiges an uns sein: Wenn der Mensch dem Glauben, mit dem ein dreijähriges Kind an ihn glaubt, recht zu geben beginnt oder wenn er dem Durst eines Gemarterten den Becher Wasser nicht verweigert, so ist ein Anfang gewonnen, in dem der Mensch zu sich selbst kommt, weil er zu Gott kommt, der in diesem Kind oder in diesem Dürstenden auf ihn wartet. Von dieser Stelle aus kann die Freiheit ihn wieder erobern, da sein innerster Lebensgrund mit ihr korrespondiert. Ein Samenkorn ist in ihn eingesenkt, das die Lebenskraft hat, die Sprengkraft, auch eine Betondecke von Selbstsucht und Mißtrauen, die sich über seinem Innersten gebildet hat, zu durchdringen.

Gott schenkt Liebe so, daß er sich zugleich ausliefert an die Notwendigkeit, daß man auch ihn liebe; in diese Konsequenz ist eingeschlossen sein Golgota. Denn die Macht des Bösen sieht in der Ohnmacht des Machtlosen ihre Chance. Aber die Passion der Liebe siegt über die Macht des Bösen. Sie ist die Macht, mit der das Lamm Wölfe in Lämmer verwandelt.

Gott nimmt uns die Angst

Der gewaltlose, wehrlose Gott befreit uns von einer falschen Gottesvorstellung, er nimmt uns die Angst. Sie ist das Stigma einer unerlösten Welt. Alle Angst ist in ihrem Grunde Todesangst, nicht in erster Linie Angst vor dem physischen Tod (ein Hinweis darauf ist das angstlose Verhalten der in Natur und Religion noch eingebundenen Völker und Menschen, wenn es zum Sterben geht); unser Leben und unser Sterben hat noch eine andere und eigentlichere Dimension. Wir kommen von Gott, und wir gehen zu Gott, unserem Schöpfer. Er ist unser Daseinsgrund und -ziel. „In ihm leben wir, bewegen wir uns und sind wir." Aber anders als Pflanze und Tier können wir so tun, als gäbe es Gott nicht, sondern nur uns, die Menschen, die Erde und das Weltall. In dem Maße, wie dieses Absehen von Gott in einer Umgebung, einem Volk, einer Gesellschaft dominierend wird, wächst die Angst –, die jetzt schon, abgewandt vom liebenden Gott, einer dem anderen, der Mächtigere dem Schwächeren macht; dem Ende zu werden die Völker und Menschen „vergehen vor Angst", wie Jesus sagt (vgl. Lk 21,26).

Die alten Vorstellungen von Hölle mögen von uns abgetan sein. Dafür haben wir ein Wissen von Sternennebeln und Galaxien, die Hunderte Millionen Lichtjahre von uns entfernt sind, ein anderes Wissen vom Makrokosmos wie vom Mikrokosmos. Und zugleich wissen wir, daß unser Planet

Erde einer der winzigsten im ungeheuren Weltall ist. Damit einher geht ein Ahnen von den unergründlichen Leeren und den dunklen Abgründen im Kosmos. Dieses Ahnen hat, ob wir es wollen oder nicht, eine Korrespondenz mit den Abgrundtiefen unserer Seele. „Ihr Inneres ist heillos verdorben, ihr Herz ist ein Abgrund", sagt der Psalmist (Ps 64,7), und im Jeremiabuch heißt es: „Arglistig ohnegleichen ist das Herz und unverbesserlich. Wer kann es ergründen?" (Jer 17,9).

Ohne Gott leben und sterben in einer durchgehaltenen Entscheidung: Gliche der Mensch da nicht einem aus seiner Sonnenbahn gerissenen Planeten, der in die abgründigen Tiefen des Weltalls stürzt, in nie aufhörendem Sturz? Verlorenheit eines Staubkorns im Weltall. Der 1. Psalm spricht davon zugleich mit dem Bild einer Isolierung in Massierung: „Die Gottlosen werden sein wie der Staub, den der Wind vom Angesicht der Erde verweht" (vgl. V. 4).

In Gott geborgen

Wir Menschen haben bis in unser Sterben hinein ein unaufgebbares Verlangen nach Geborgenheit. Wie wir sie im Mutterschoß und in der Kindheitsfrühe erfahren, so soll sie uns, zugleich mit einer schier unendlichen Freiheit, wie sie unserem Personsein entspricht, auf einer letzten Stufe unserer gottebenbildlichen Berufung gewährt werden – in

Gott selbst. Aber auf welche Weise? Jeder Sterbliche verliert im Tode die bisherige Geborgenheit in einer nesthaften Umwelt. Gehört ein Zuhause nicht zu unserem Menschsein? Finden wir es auf andere Weise wieder, durch unseren Tod hindurch? Wo ist eine Wohnung für uns in diesem unendlichen, das ganze All umfassenden Urgrund Gott? Und wenn unser Leben und unser Sterben einen Wesenswiderspruch zu ihm bildete?

Von solchen Fragen her ahnen wir erst, was Gottes Inkarnation und Passion, im Ostergeschehen mündend, für uns bedeutet. In seiner Wehrlosigkeit, seiner bis ans Ende des Gekreuzigtwerdens uns aushaltenden Liebe, in seiner eigenen Todesangst litt Gottes Sohn die von Gott uns trennende Schuld hinweg, um uns als der Auferstandene, Gott und Mensch zugleich, in sich hinein zu bergen und mit sich in Gott wohnen zu lassen. Durch die Glaubensgnade öffnet Gott unser Inneres für ihn als seinen Offenbarer, als den, der uns zeigt, wer und wie Gott wirklich ist und wie Gott größer ist als unser Herz, auch uns Sünder noch liebt: So kann sein Geist in uns eindringen, sein Wesen, seine Liebe uns immer mehr prägen, obwohl, ja weil wir immer neu seiner vergebenden Macht bedürfen, um wohl so erst eine Tiefe der Liebe Gottes zu erfahren, wie sie der Tiefe unserer abgründigen Schuld entspricht.

Wir wohnen in Christus. Aufgrund einer Wiedergeburt, die uns mit ihm eint, sind wir ein Wesen mit ihm, bilden wir, die Familie der Kinder Gottes, ein Miteinander und Füreinander, das wie ein einziger Leib mit vielen Gliedern ist, wo eines das andere ergänzt. Diese innerste Wirklichkeit unserer Existenz bricht im Tode nicht ab, sondern vollendet sich durch den Tod hindurch zu bleibender seliger Erfahrung. Zu seinen Jüngern sagt Jesus: „Euer Herz ängstige sich nicht! Glaubt an Gott, und glaubt an mich! Im Hause meines Vaters sind viele Wohnungen; wenn nicht, hätte ich euch dann gesagt, daß ich hingehe, euch eine Wohnung zu bereiten? Und wenn ich gegangen bin und euch eine Wohnung bereitet habe, dann komme ich wieder und werde euch zu mir nehmen, damit, wo ich bin, auch ihr seid" (Joh 14, 1–3).

Die Liebe braucht schon hier in dieser Welt nicht unbedingt vier Wände und äußeren Komfort für ihr Zuhause. Sie kann fast eher noch in Zelten sie selbst sein, da sie dort nichts ablenkt. Liebe hat ihr ganzes Zuhause in dem, den sie liebt. Unser brüchiges irdisches Ambiente wird sich in seiner bisherigen Gestalt nicht fortsetzen; wir brauchen es daher weder auszubauen noch abzusichern, das würde unser Sterben nur schwermachen. Wie aber unser kommendes Zuhause aussieht, das sagen unserem Glauben, der Bilder zu deuten weiß, die beiden letzten Kapitel der johanneischen Offenbarung mit ihrer Vision des himmlischen Jerusalem: Seine Auferbauung und Vorerfahrung ist der verborgene Sinn und Inhalt unseres Lebens schon in dieser Welt und Zeit, seit wir zum Glauben und zum Leben gelangt sind. „Die Leuchte" dieser heiligen

Stadt aber, so sagt die Apokalypse, ist das „Lamm", das nicht andere für sich opferte, sondern sich selbst für uns alle (vgl. Offb 21,23).

„. . . wie Lämmer unter die Wölfe"

Damit kommen wir noch einmal zu der Überschrift unserer Betrachtung: „Der wehrlose Gott". – Reißende Tiere symbolisieren beim Propheten Daniel die Reiche der Machthaber dieses vergehenden Äons (vgl. Dan 7). Die göttlich strahlende Mitte der kommenden Welt ist das Lamm. Von denen, die sich zu ihm bekennen und ihm nachfolgen, heißt es: „Sie folgen dem Lamme, wohin es geht" (Offb 14,4). Entsprechend sagt Jesus zu den zweiundsiebzig Jüngern, in denen wir alle vorgedeutet sind, bei ihrer Aussendung in die Welt: „Seht, ich sende euch wie Lämmer unter die Wölfe" (Lk 10,3).

Ob wir Lamm oder Wolf sind, das unterscheidet uns – bei der letzten Scheidung kommt es heraus. Vorerst geht dieser Unterschied zu unserer immer neuen Bekehrung vielleicht noch mitten durch unser eigenes Herz hindurch. Lämmer sind, die der Entscheidung nach „dem Lamme folgen, wohin es geht"; es geht den Weg der Passion zu Gott. Wölfe sind, die sich selber oder ihre „gute Sache" gewaltsam durchsetzen wollen. In den Gewaltlosen hat Jesu Herrschaft Raum. Sie sind zur Inbesitznahme der kommenden Welt disponiert. Im 37. Psalm und in der dritten Seligpreisung der Bergpredigt wird ihnen das kommende Reich zugesprochen. Es fällt ihnen zu ohne Schwertstreich. Die bleibenden Eroberungen machen jene Leute, die den Mut haben, kein Wesen auf dieser Erde unter Gewaltdruck zu bringen, weder mit physischen noch mit psychischen noch mit geistigen Mitteln, – also die Standhaften in der Liebe, die auf Gott, den Herrn der Geschichte, beharrlich Vertrauenden. Sie gewinnen wieder, was Adam verlor, die gottgemäße Herrschaft über dieser Erde. Weil sie sie nicht für sich selbst suchen, fällt es ihnen zu. Alles fügt sich zuletzt in die Hand derer, die sich ihrer Mitgeschöpfe nicht zu bemächtigen, sondern ihnen zu dienen suchen.

Gesandt aber werden die Lämmer unter die Wölfe, damit sie diese in ihre eigene Natur verwandeln, aus Wölfen Lämmer machen. Dazu wird ihnen die Vollmacht gegeben. Töten, das können Wölfe. Das Herz verändern, das kann nur Gott. – Und das können die, in denen Gottes Liebe Macht hat. Diese Sendung schließt in sich ein, daß sie bereit sein müssen, sich ganz herzugeben. Auf dem Sieg der Gewaltlosen beruht die Rettung der Welt. Johannes Chrysostomus sagt: „Solange wir Lämmer sind, siegen wir. Mögen uns auch tausend Wölfe umringen, wir werden die Oberhand gewinnen und Sieger sein. Wenn wir aber Wölfe werden, dann weicht von uns die Hilfe des Hirten, der nicht Wölfe, sondern Lämmer weidet." Wenn wir als Wölfe die Wölfe besiegen, dann haben sie uns besiegt.

V

Kirche im Bündnis mit der Staatsmacht

Vorwort: Was macht das Priestersein aus?

Liebe Frau D.,
daß viele Christen sich heute für die Zulassung der Frau zum Priestertum so vehement einsetzen, auch mit der Berufung auf die Menschenrechte, hat seinen Grund gewiß nicht zuletzt darin, daß sie Priestertum und Priestersein nur außerhalb ihres eigenen Christseins thematisiert und repräsentiert sehen.

Tatsächlich spricht das Neue Testament von einem Amtspriestertum, wie wir es kennen, mit seiner Abhebung vom Laienstand, überhaupt noch nicht. Auch im Leben und Denken der jungen Kirche spielte es keine eigene Rolle (wofern man diese nicht schon eingeschlossen sieht in die des Bischofs), wohl aber wird allen bekennenden Christen ein „heiliges" und „königliches" Priestertum zugesprochen (1 Petr 2,5 und 9).

Die Verwirklichung dieses Priestertums mahnt Paulus an mit den Worten: „Beim Erbarmen Gottes rufe ich euch zu: Bringt euren Leib (das meint: eure leibhaftige Existenz) als lebendiges und heiliges Opfer dar, das Gott gefällt, das ist für euch der wahre und angemessene Gottesdienst" (Röm 12, 1). Dieses Pauluswort sagt uns auch, worin das heilige und königliche Priestertum besteht: Zur Gotteskindschaft erwählt und befreit, finden wir uns durch Gott auch befähigt und gedrängt, uns selbst Gott zu schenken, wie er sich uns in seinem menschgewordenen Sohn geschenkt hat und fortdauernd schenkt. Christlich verstanden geht es um etwas ganz Einfaches: Zwei Liebende lieben sich mit gleicher Liebe, der eine schenkt sich dem anderen. Freilich ist da ein Abstand vom Schöpfer zum Geschöpf wie etwa der zwischen der Sonne und dem Tautropfen, in dem sie aufblitzt: Indem sie sich in ihn hineinschenkt, bildet sie selbst sich in ihm ab und durchdringt ihn zugleich mit ihrer Wärme, so daß auch er sich „verschenkt", „von oben" kommend sich nach oben in die Sonne hinein verklären läßt.

Wie unterscheiden sich demnach unser Priestertum und unser Opfer von denen der vor- und außerchristlichen Religionen? In diesen waren und sind Darbringung von Schlacht- und Brandopfern und anderen Gaben an eigener, Gott vorbehaltener, Stätte, womöglich in einem Opfertempel, vorgesehen. Der für die Darbringung bestellte Priester hält, das Volk vertretend, der Gottheit die Gaben hin. – Durch Christi Hingabe an den Vater uns zugute, durch seine für uns bis ans Ende gehende Liebe, sind solche Opfer der Religionen abgelöst. Sofern wir Menschen uns in der Offenheit des Glaubens von ihm und seinem Wesen erreichen und durchdringen lassen, bringen auch wir, ihm geeint, uns selbst, unsere schlichten Lebensvollzüge, unsere Freuden und Leiden und einmal unser Sterben Gott dar, also unsere leibhaftige Existenz. Diese Darbringung macht unser Priestertum und unsere Christenwürde aus.

Wieso ist dieses Priestertum heilig? Weil es einer heiligen Darbringung gilt, der unserer selbst, weil es Antwortliebe ist auf die Liebe, mit der der heilige Gott uns liebt und heiligt.

Wieso ist es königlich? Weil wir uns als Liebende in der Freiheit von Königen, die niemandes Knecht oder Magd sind, und doch für viele andere verantwortlich, auf Gott ausrichten, an Gott hingeben – nicht also in Abhängigkeit von einer sonstigen Instanz oder Macht, von uns auferlegten Leistungszwängen, nicht in Angst vor einer Gottheit, mit der wir uns arrangieren müßten.

Nun hat dieses unser Priestersein eine zum Ernstmachen und zur Verwirklichung ausrüstende und drängende Mitte. Wie es den Tau auf der Wiese nur in Millionen Tropfen gibt, so gibt es uns als Gottes Bild und Spiegel, als „Licht im Herrn" (Eph 5,8), nur im Wir der Gotteskinder, als Gottes Volk. Und als solches kommen wir immer wieder zusammen, um das Gedächtnis dessen zu feiern, durch den wir dieses Volk sind, bleiben und weiter noch werden. Im Wir der Erlösten, Christus geeint, danksagend für das Erlösungswerk gelangen wir zum gemeinsamen Vater. Unsere Darbringung an Gott, die eines jeden von uns, hat also in der Eucharistiefeier des Gottesvolkes ihre Mitte.

Entsprechend hat nach urkirchlicher Tradition diese Zusammenkunft nun einen verantwortlichen Leiter, der in seiner Person unsere Einheit im Glauben, auch die mit den anderen Gemeinden, vertritt und der in Ausweitung der Vollmacht des Bischofs durch dessen Handauflegung dafür Sorge trägt, daß alles im Sinne des Vermächtnisses Christi geschieht; so dient er dem königlichen Priestertum aller um den Tisch des Herrn Versammelten, ihrem Mit- und Füreinander in Christus und in der Hingabe an Gott.

Nun hat sich dieses Amtspriestertum, das man besser Dienstpriestertum nennen würde, kirchengeschichtlich nach und nach so akzentuiert, daß es die Würde des königlichen Priestertums aller bekennenden Christen auf sich konzentrierte und weitgehend auch absorbierte. Tatsächlich sanken die Begriffe „heiliges" und „königliches" Priestertum zu bloßen Vokabeln für das übrige Gottesvolk ab, sie wurden ihm in Lesung und Verkündigung kaum noch zu Bewußtsein gebracht, anstatt mehr und mehr Inhalt strahlender Glaubensexistenz zu werden. Da ist tatsächlich nach und nach etwas von „sündiger Struktur" im äußeren Kirchengefüge großgeworden, denn Reduzierung von Offenbarung und Glauben widerspricht Gottes Erlöserwillen.

Was ist in der Sicht des Glaubens „größer", daß

einer das sakramentliche Zeichen setzt und ausspendet oder daß einer aus der Gnade dieses Sakramentes sich selbst mit Herz und Sinn und mit seinen Lebensvollzügen Gott schenkt? Über dieses königliche Priestertum hinaus gibt es keines.

Wie kam es nun aber zu dieser Entwicklung, zum Verdrängen und Vergessen einer allen bekennenden Christen gemeinsam Würde, der keine andere gleichkommt? Wie kam es zu deren Projektion auf einen Stand von „Amtspriestern", der ihr doch nur zu dienen hat?

Vor allem durch die Konstantinische Wende.

Kirche im Bündnis mit Macht

Konstantin, dessen Hinwendung zu Christus ein einziges Aufatmen der jungen Christenheit nach Jahrhunderten immer wiederkehrender Verfolgungen und grausamer Niedermetzelungen der Jesusanhänger durch die römischen Kaiser gewesen war, eröffnete der Kirche die Möglichkeit, das gesamte römische Imperium zu christianisieren. Diesem Angebot und den Impulsen des Kaisers sich fügend, war die Kirche nach und nach auf eine flächendeckende Missionierung von Völkerschaften bedacht, wie es mehr der Denkweise der weltlichen Macht entsprach als der des Evangeliums. Bis dahin waren für das Entstehen und Wachsen von Gemeinden Jesu Gleichnisse von Sämann und Saat, vom Senfkorn, vom Licht und von Salz und Sauerteig maßgebend gewesen. Nun bezog man den Machtfaktor mit ein. Eine Weltmacht brauchte eine Weltanschauung, deren Akzeptanz sie auch auf dem Verordnungswege durchsetzt, wenn nicht anders, so mit Gewalt.

Mit den organisatorischen Fragen und Sorgen einer raumgreifenden und völkerweiten pastoralen Planung, die sich für die Kirche auf diese Weise allmählich ergaben, wuchsen die Probleme einer entsprechend zentralen Kirchenleitung; man nahm Modell bei römischen Verwaltungsformen sowie an der hierarchischen Stufung der Staatsgewalt, deren oberstes Gremium damals der nur aus Männern bestehende römische Senat war, unter der letztlich allein entscheidenden Jurisdiktion des Kaisers. An dieser Ordnungsstruktur sich orientierend, entstand allmählich der frauenlose Vatikan, entstand die spezifisch römisch imperiale Ausprägung des Papsttums in Symbiose mit dem religionsgeschichtlich bedingten Ausbau der petrinischen Schlüssel„gewalt". („Gewalt" ist in diesem Schlüssel-Zusammenhang kein biblisches Wort, in seinem praktischen Verständnis und seiner Handhabung mußte es sich die Geschichte hindurch vom Evangelium her immer neu in Frage stellen lassen.)

Hans Urs von Balthasar benennt die Folgen der konstantinischen Vermischung von Staat und Kirche bis zur Neuzeit hin mit folgenden Stichworten: „Die Reichsbischöfe, die Kreuzzüge, die Inquisition, Galilei, der Scheiterhaufen Brunos, der Obskurantismus von Päpsten noch im letzten Jahrhundert, Übergriffe im Gebiet kirchlicher Unfehlbarkeit (etwa die Fehlweisungen der Bibelkommission). Aber weit wichtiger als all dies: die Unfähigkeit, das elementare Gebot Jesu auszuführen: sich mit den Armen und nicht mit den Reichen zu solidarisieren; zum andern ... Zerfall der kirchlichen Einheit" („Neue Klarstellungen").

Rückblick auf die Geschichte Israels

Die Option der jungen Kirche für das Bündnis mit der konstantinischen Macht legt einen Rückblick auf die Geschichte Israels nahe, in dem es sehr früh eine entsprechende Wende des Verlangens nach Macht gab: Gottes Volk wird nach dem Einzug in Kanaan größer und selbstbewußter. Ihm genügen nicht mehr die schlichten charismatischen Richter, die Gott ihm erweckt. Nun will es einen König haben wie andere Völker. Samuel mißfällt das. Er betet. Der Herr aber antwortet ihm: „Nicht dich, sondern mich haben sie verworfen, daß ich nicht über sie König sei" (1 Sam 8,7). Dann aber befiehlt er ihm, dem Volk zu willfahren und ihm den König zu salben, den nun Er selbst seinem Volk aussucht, nicht ohne es vorher zu warnen, welch schlimme Folgen es haben werde, wenn es auf diese Weise ein Volk sein wolle wie alle anderen Völker. Zuerst wird Saul der Gesalbte, dann nach diesem finsteren und unglücklichen Regenten, wie wenn dem Schatten das Licht folgen soll, der helle David. Aus dessen Geschlecht geht, als es nur noch eine Erinnerung an seinen Ahnherrn ist, nach einem Jahrtausend der Messias hervor. Jesu Königtum ist von göttlicher Art, nicht eines der äußeren Macht, sondern der dienenden Liebe. Über dem Haupt dieses von den leitenden Gremien seines Volkes in Verbindung mit der römischen Staatsmacht Verworfenen und Gekreuzigten stehen die Worte: „Jesus von Nazareth, König der Juden". Gottes Wort an Samuel: „Mich haben sie verworfen, damit ich nicht König über sie sei" erweist sich so als prophetisch.

Schaut man von diesem Datum der Kreuzigung Jesu zurück auf die Geschichte der Könige, von denen Israel regiert werden wollte, erkennt man eine Unglücksgeschichte mit ungezählten Erfahrungen von Scheitern seiner ehrgeizigen Erwartungen von Größe: Ausbeutung und Erniedrigung der eigenen Volksgenossen durch seine Regenten, Machtkämpfe zwischen den Anwärtern auf den Thron, ein horrendes Gefälle von Reichen zu Armen im gleichen Volk, sodann Deportierungen, Exile, Fremdherrschaft bis zum Römerjoch unter Pontius Pilatus – und schließlich Verabsolutierung von Gesetz, dessen Befolgung nach dem Versagen der Könige und ihrer Macht der einzig noch bleibende Garant der Identität Israels zu sein schien; dieses Gesetz hat nach langer prophetenloser Zeit inzwischen seine für das Volk erkennbare und erfahrbare Strahlmitte nicht mehr im Hauptgebot, es besteht aus zahllosen von Schriftgelehrten ausgearbeiteten Einzelvorschriften, es wird vom Volk nicht mehr als messianischer Advent erlebt, es sei denn durch die Last, die es auferlegt. Jesus wurde demgemäß nicht als Erfüllung der Tora erkannt, sondern das Opfer ihrer Interpreten, die seiner grenzenlosen Liebe gegenüber auf den Grenzen bestanden, die die Vorschrift zog: „Wir haben ein Gesetz, und nach dem Gesetz muß er sterben" (Joh 19,7).

Und nun dennoch: Diese Jahrtausendgeschichte Israels war, weil Gottes Bundestreue sein Volk nicht verläßt, zugleich auch die Geschichte der Propheten, der Gottesverehrung im Tempel mit der Erfahrung der Herrlichkeit Jahwes im Kult, die Geschichte der Psalmen und Gesänge, aber auch der gotterfüllten heiligen Zeugen und Eiferer für den Bund, deren mächtigster Elija war. Und am Ende wird Jesu Kreuzigung, die des Sohnes der jüdischen Mutter Maria, zur Wende der Welt, zur Rettung der Heidenvölker wie seines Volkes Israel.

Das Apostelkonzil (Apg 15,3ff) zitiert im Hinblick auf Israels Geschichte seit David das prophetische Amoswort 9,10: „Ich werde die zerfallene Hütte Davids wieder herstellen, damit auch die übrigen Menschen den Herrn suchen, alle Völker, über denen mein Name angerufen wird."

Die Hütte Davids zerfiel, das Königtum, weithin zu einer Geschichte der Gewalt und des Blutvergießens entartet, fand seine Ablösung im Gesetz. Dieses, von Gott selbst durch Mose gegeben, erweist sich als die einzige das Volk zusammenhaltende

Konstante. Mehr und mehr bekommt es nun, zumal die Propheten jahrhundertelang ausbleiben, den Rang des Absoluten. Entsprechend verfestigt sich die legislative wie exekutive Autorität seiner Wächter und Ausleger. Mehr und mehr zeigt es sich: vom Königtum Gottes gelöst, weicht aus dem Verstehen und Praktizieren des Gesetzes der Geist der Prophetie und des Advent. Es wird leer von Gott; reine Dogmatik geworden, dient es nicht länger seiner Liebe, es tötet sie, da sie sich inkarniert. „Der Buchstabe tötet", sagt Paulus. Der Buchstabe hat schließlich wirklich den getötet, der gekommen ist, um das Gesetz im Geiste des göttlichen Gesetzgebers so zu erfüllen, daß sein Sinn offenbar wurde, über alles bisherige Verstehen hinaus, und daß sein Advent sich erfüllte. Jesus hat das Gesetz gelebt und verkündet im Geist dessen, der lebendig macht. Dieser Geist erweckt den vom Buchstaben Getöteten von den Toten. Ob es Macht des Schwertes oder des Buchstabens ist, die Macht der totenerweckenden Liebe ist stärker als der Tod, den der Buchstabe zufügt. Vom erweckten Christus aus wird, wie Amos es vorausverkündet, fortan Unzähligen aus alle Völkern Erweckung vom Tod zum Leben geschenkt.

Wenn wir treulos sind ...

Gott sinnt auf das Heil seines Volkes. Er hat einen entsprechenden Plan mit ihm, mit jedem von uns. In der Verwirklichung dieses Planes gibt er uns derart frei, daß er sich immer neu auf die Stufe der durch unser Fehlen und unser Versagen und unsere Halsstarrigkeit entstehenden geschichtlichen Fakten stellt. Er überbietet immer wieder seine Gnade, statt uns fallenzulassen. Wenn wir unserem Niveau nicht entsprechen – er verläßt das seine einer unerschütterlich größeren Liebe nicht. „Wenn wir treulos sind, er bleibt treu, denn er kann sich selbst nicht verleugnen" (2 Tim 2, 13). Seine Weisheit gibt uns in ihren Führungen und Fügungen nicht auf. Sie gibt den geschichtlichen Tatsachen, wie sie durch unser Fehlen entstanden sind, den Vorrang vor Theorien und Bedingungen, wie wir sie aufstellen würden. Die leidvollen Erfahrungen, die wir notwendig selber machen, wenn wir sein Wort nicht hören, enthalten wie beim Verlorenen Sohn zugleich auch die Motive unserer Umkehr, unserer Anheimgabe an den barmherzigen Gott. Vielleicht braucht es da für die Kirche erst einen Zweijahrtausendweg.

Am ergreifendsten kommt Gottes Bundestreue zur Sprache in den durch Jesus eingelösten Verheißungen Jeremia 31, 31 ff und Ezechiel 36, 26 ff: Unsere Bundesbrüchigkeit will Gott damit beantworten, daß er einen neuen Bund mit uns schließt. Er will uns seinen eigenen Gottesgeist schenken, durch ihn seinen Willen in unser Herz schreiben, in ein neues Herz. So will er allen Menschen seines Volkes gemeinsam das Erkennen seiner selbst schenken. Die volle Verwirklichung dieser Prophetie durch den Messias wird wohl erst in der Parusie geschehen.

Bis zu diesem Ziel der Zeiten läßt Gott auch seine Kirche nicht fallen, als sie, ähnlich wie das junge Israel dem Aspekt des Ansehens und der Größe erliegend, ein Bündnis mit den Trägern der Macht und des Reichtums eingeht und in ihren führenden Rängen und Würden die Nachfolge Jesu immer weniger als Beispiel erkennbar macht.

Gottes neuer Bund ist seit der Einlösung seiner Verheißung durch Christus ein immer neuer Bund; immer neu überbietet Gott seine Gnade. Diese ist wie eine Quelle, die jung bleibt, die sich, aus den Urtiefen der Liebe hervorgehend, nie erschöpft.

Wie setzt sich der Geist Jesu nach der Konstantinischen Wende dennoch durch?

Geschichtlich feststellbar ist, daß sich durch die weiträumige Missionierung, verbunden mit kultureller Niveauanhebung, nach und nach doch ein allgemeines Klima für die Saat des Wortes bildet. Gott erweckt heilige Missionare. Orden entstehen, in denen Nachfolge Jesu gelebt wird, sodann die Gregorianik, die Dome, die Werke Bachs und großer geistlicher Musik.

Entscheidend ist in diesem Abschnitt der Kirchengeschichte die durchgängige Feier der Eucharistie. Dabei erfuhr das Abendmahl im römisch-griechischen Bereich eine nun immer großartigere kultische Ausformung der Opferdarbringung mit dem imperialen Christos-Kyrios-Bild in der Apsis [1].

Israel war umgekehrt auf einem langen Läuterungsweg durch immer wiederkehrende prophetische Mahnungen und tempellose Zeiten dahin gelangt zu erkennen: Gott will nicht ihm hingehaltene Opfergaben, sondern uns selbst und als Erweis der dankbaren Hingabe an ihn Gerechtigkeit und Liebe in unserem Miteinander und Füreinander; der sabbatliche Abendtisch gilt bei den gläubigen Juden bis heute als Ausdruck und Erneuerung dieser Gemeinschaft vor Gott.

Auf diesem jüdischen Verständnis von gottgewolltem Gottesdienst baut Paulus auf, wenn er die Gemeinde der Römer mahnt: „Bringt eure Leiber (eure leibhaftige Existenz) dem lebendigen, heiligen Gott dar als wohlgefällige Opfergabe, so entspricht es eurem Christsein" (Röm 12, 1). Auch der 1. Petrusbrief 2, 5.9 wendet sich an eine „heilige und kö-

---

[1] Ein Bischof, der diesem Trend zur Großartigkeit entschieden widerstand, war Martin von Tours, der erste Nichtmärtyrer, den die Kirche früh als Heiligen verehrte. Er weigerte sich, beim Gottesdienst auf dem für Träger seines Amtes errichteten Thron zu sitzen und benützte statt dessen einen kleinen Hocker, wie er für das Gesinde vorgesehen war. Er nahm auch kein Pfund Silber an für aufwendigere Kleidung, weder für sich noch für die Brüder, mit denen er in Gemeinschaft lebte.

nigliche Priesterschaft" aller Jüngerinnen und Jünger. Dieses Priestertum hatte und hat seine Mitte wie seine immer neu sich schenkende Verwirklichung am eucharistischen Tisch; einer hatte dabei in Ausweitung der bischöflichen Vollmacht Sorge zu tragen, daß alles im Auftrag und Sinne des Vermächtnisses Christi geschah. „Dienstpriester" wäre wohl die bessere Bezeichnung für diese Berufung als „Amtspriester". Die ehedem heidnischen Völker im römisch-griechischen Bereich wurden nun (da sie als Christen die jüdischen Geschichtsvoraussetzungen nicht hatten) bei der Missionierung einen anderen Weg zum Abendmahl Jesu geführt, den Weg über ein zunächst kultisches Verständnis des Gedächtnisses Christi mit einem Hochaltar für die Opferdarbringung und einer ihn umgebenden, dem Klerus vorbehaltenen Zone im Abstand vom gewöhnlichen Volk. Damit knüpft man an die Gewohnheiten heidnischer Gottesverehrung an, diese „taufend".

War dieser Weg vom Abendmahlstisch zum Hochaltar geistlich legitim? Bis zum 4. Jahrhundert haben Diakone, je nach der etwaigen Zahl der Eucharistieteilnehmer, hölzerne Tische zur Mahlfeier herbeigetragen. Die Kirche mied den festen Altar, wie ihn die Opferdarbringungen der heidnischen Religionen voraussetzten, eine über dem Erdboden sich erhebende, dem Himmel nähere, auch für die Darbringung von Tieren geeignete Steinplatte in einem eigenen, den Göttern geweihten Bezirk. Diese kultische Vertikalorientierung von Opferdarbringung durch einen eigenen Klerus in Distanz vom Volk empfand man dem Abendmahlsgeschehen gegenüber als geradezu konträr. Symbol des letzten Abendmahles ist bei Johannes die Fußwaschung. Jesus kniet auf der Erde und wäscht seinen Jüngern die Füße. Wenn er dabei zu ihnen spricht, schaut er auf zu ihrem Gesicht. Seine Liebe „ging bis ans Ende", so sagt Johannes zu diesem Geschehen; das entsprechende Wort Jesu bei Lukas, in den Rangstreit der Jünger beim Abendmahl hineingesprochen, lautet: „Ich bin unter euch als der, welcher dient" (Lk 22, 27). Jesu göttliches „Oben" geht völlig ein in unser menschliches „Unten", er ist am Kreuz der Allerunterste. Unser Unten aber wird auf solche Weise hineingenommen in sein göttliches Oben. Die trinitarische Wirklichkeit nimmt uns in sich auf. Darüber hinaus gibt es kein Oben mehr und keine länger getrennten Regionen.

Wo in der Eucharistiefeier die Richtung nach oben als der Region über uns als Ritual der Opferdarbringung über einem Hochaltar sinnfällig dominiert, da findet man sich an Simon Petrus mit seinem leidenschaftlichen Bestehen auf dem heiligen Abstand erinnert: „Herr, in Ewigkeit sollst du mir nicht die Füße waschen!" (Joh 13, 9). Jesus erwidert ihm, kniend zu ihm aufschauend: „Wenn ich dich nicht wasche, hast du keinen Teil an mir." Unser gläubiges Eingehen auf die all unsere Ehrfurchtsvorbehalte überbietende Liebe Jesu entspricht erst ganz der Wirklichkeit des göttlichen Mysteriums.

Das erläßt uns Christen, der Gemeinde, der Kirche, nicht die Verantwortung für das unabdingbar dem Glaubensmysterium voraufgehende Katechumenat der Hinzutretenden. Aber die Eucharistie selber darf die Glaubensvoraussetzungen für den Zutritt der Teilnehmer in der Weise ihrer Feier nicht auch heute noch erst schaffen wollen, so als gehe es nun beim Abendmahl doch primär um die Opferdarbringung durch einen eigens dafür ersehenen Klerus im Abstand vom übrigen Volk, – das wäre dann ein Rückfall in das Nichtbegreifen des Petrus und das Zurückweichen vor einer göttlichen Liebe, die, menschgeworden, uns den allerletzten Dienst tut.

Gott ist nicht Opfer und Genugtuung von uns fordernde Macht, er ist die Liebe, die selber Opfer der Macht wird, wie Menschen sie verstehen.

Es ist nicht zu übersehen, daß die frühere Akzentuierung der Vertikalen in der Eucharistie, das Gott entgegengehaltene Opfer, einer menschlichen Geisteshaltung entspricht, die auch im sonstigen Lebensvollzug an einem vertikalen Gefälle festhält, an Machtstrukturen und -stufungen, an sozialen Würden und Rängen, an einem Oben und Unten in jedem Bereich. Dieses Gefälle wird durch die im kultischen Opfer allen gemeinsame Wendung nach oben relativiert und kompensiert. Die Bekehrung eines Charles de Foucauld zur Armut des Jesus von Nazaret, zum Kleinen Bruder Jesu, zum Armsein mit den Armen, ist keine einfach zu kopierende Selbstverständlichkeit, war aber ein kirchengeschichtliches Datum von prophetischer und zeichenhafter Bedeutung, auch in Hinsicht auf die vom II. Vatikanum ausgehende Liturgiereform mit ihrer Wendung zum schlichten Abendmahlstisch.

Nochmals also die Frage: War dieser Weg vom Abendmahlstisch zum Hochaltar geistlich legitim? Zunächst gewiß ja, so wie es der Weg war, den Jahwe, der doch immer schon der Gott und Vater Jesu Christi war, sein Volk Israel wies, als er selbst ihm einen Kult verordnete, der seinen geschichtlichen Anfängen und seinem orientalischen Umfeld entsprach, um es so jedoch von Stufe zu Stufe zur Begegnung mit dem wirklichen Gott, dem Einzigen, Heiligen, und der Erfahrung seiner Herrlichkeit zu führen, bis es in Exilen und Heimsuchungszeiten mehr und mehr verstehen lernte, was das Wort bedeutet: „Barmherzigkeit will ich, nicht Opfer", oder das Psalmwort: „Gaben und Brandopfer willst du nicht, einen Leib aber hast du mir bereitet."

Entsprechend barg die Stiftung Jesu, das Heilsganze enthaltend, die Möglichkeit einer anfänglich kultischen Ausfaltung, dem römisch-griechischen Kulturbereich entsprechend, in sich, so daß diese Art der Eucharistiefeier zunächst und vor allem zur Verherrlichung und Erkenntnis der Heiligkeit eines liebenden Gottes als des Schöpfers und Befreiers führte, der zu unserer Rettung seinen eingeborenen Sohn Mensch werden ließ, für uns dahingab und zum Herrn der Herrlichkeit erhob, – so aber auch zum Verständnis des neutestamentlichen Priestertums führte. Für Menschen aus dem Heidentum mußte dieses Priestertum zuerst im kultischen Gegenüber erfahren werden, bis es als das königliche und heilige begriffen werden konnte, das allen Christen gemeinsam ist, das der persönlichen Hingabe jedes einzelnen Christen in und mit der Gemeinde aus Jesu Geist.

Im kirchengeschichtlichen Verlauf rückte das Abendmahl – nicht zuletzt entscheidend durch liturgische Reformen des letzten Konzils – wieder in die Mitte, wie in den Anfängen der Kirche, wobei die schlichte Form des zum Volk hin gewandten Altartisches, ihm ganz nahegerückt und womöglich auf gleicher Ebene mit ihm, in einer Zeit zunehmenden Neuheidentums, bei Randchristen dem Verständnis einer bloß sozialen Veranstaltung auf religiöser Ebene ausgesetzt ist. Durch ein gründliches neues Katechumenat als Vorbedingung zur Teilnahme an den Sakramenten sowie durch ein eigenes, der Wahrung des Heiligen dienendes Wort vor der Kommunion sollte jetzt alles geschehen, daß das Mysterium des Glaubens von seiten der Teilnehmer nicht verfehlt wird.

Kult und Kultur

Aus der kultisch betonten Feier der Eucharistie entstand, wie immer aus Kult, Kultur, zunächst in der Herrlichkeit von Gotteshäusern und heiligen Bildwerken, deren Schönheit der Freude an Gott diente und damit auch der gläubigen Antwortliebe auf Gottes Liebe. An solchen Stätten der Zusammenkunft christlichen Volkes fand und findet sich, wie einst im Tempel zu Jerusalem, dann auch immer wieder jene „arme Witwe" ein, die mit ein paar Hellern – ihrem Lebensunterhalt für den Tag – das Ganze gibt, sich selber und darum mehr als alle Reichen mit ihren großen Gaben. Immer schon waren die herrlichen Dome, zu deren Errichtung die Armen und Niedrigen auf Karren und Schultern riesige Steinmassen herbeitrugen, vor Gott die kostbare Schale für das Geheimnis der verborgenen Perle der Herzenshingabe der Kleinen und Unbekannten – Schale freilich, die diesem Geheimnis einzigartig entsprach: wie etwa Chartres mit seinen Fenstern und Skulpturen, ein „heimgeholter" Kosmos; oder Vézeley, gebauter Glaube; oder Sagorsk mit seinen Ikonen, ein Einlaß in göttliches Licht; oder dann auf westlichem Pol Ronchamps, das Durchscheinen von Transzendenz. Bauwerke solchen Ranges (entsprechend die Gregorianik, die große geistliche Musik) waren und sind, wie schon der Tempel Salomos, Zeugnisse der dem Menschen eingestifteten Ahnung jener Schönheit, die die Welt einmal verklären wird; zu ihrer Verwirklichung wurden alle Gaben und Begabungen der Menschen geweckt, herausgefordert und zur Entfaltung gebracht. Sie wurden Zeugnisse auch dafür, was irdischer Reichtum zu verwirklichen vermag, wenn er in den Dienst seiner Berufung tritt, der größeren Ehre Gottes zu dienen. Dann vergißt

Reichtum so leicht auch nicht, daß *der* Tempel Gottes in dieser Welt der gottgeliebte Mensch selbst im Mitsein von einander in Gott Liebenden ist.

Und die Armen?

Das göttlich Eigentliche und Wesentliche der Frohbotschaft blieb dank der größeren Gnade Gottes auch in der Konstantinischen Wende nicht unverwirklicht. Aber eines ist geschichtlich unübersehbar, es wurden bisher zu wenig gesagt, in Kirchengeschichte weitgehend verschwiegen, in Kulturgeschichte nur am Rande behandelt, erst seit dem franziskanischen Durchbruch auch Thema der Verkündigung und der Kunst bis zu den beiden Breughel hin: Das Evangelium drang nicht mehr, wie Jesu Wort und Beispiel zeigt und will, zu allererst befreiend und zur vollen Menschenwürde erhebend, zu den Armen und Verlassenen hin. Auch wenn die Kirche diese Verpflichtung nie leugnete, sie verwirklichte sie weithin nicht. Ständeordnungen, Ansprüche des Adels wie später des Bürgertums absorbierten allzusehr ihr Interesse, ihre Zuwendung. Sie katechetisierte die zahllosen Armen in sehr rudimentärer Form, aber sie evangelisierte sie oft nicht, sie gab ihnen Almosen in ihre sozialen Elendssituationen hinein, beließ sie aber darin, „sodaß anscheinend der Marxismus kommen mußte, um zu zeigen, was wirklich hätte geschehen sollen" (Hans Urs von Balthasar a. a. O.).

Wann ist denn der Mensch ein Mensch, wie Gott ihn will und wie das Evangelium ihn sieht? Wenn er dahin befreit und gebracht ist, mit Herz und Geist das Vaterunser beten zu können, in der gotteskindlichen Ebenbürtigkeit und Würde des Belehrten mit dem Lehrer.

Die Missionierung schaffte zudem immer neue und ungezählte Arme. Sie ließ es geschehen, daß die Gewaltmittel der Staatsmacht all jene ausgrenzten, ghettoisierten oder beseitigten, die sich dem Christenbekenntnis verweigerten[2]. Am konse-

---

[2] Zum fünfhundertjährigen Jubiläum der Christianisierung Lateinamerikas heißt es in einem der unzähligen Berichte: In Peru trafen der Eroberer Francisco Pizarro und der Inka Atahualpa am 16. November 1532 auf dem großen Platz in Cajamarca zusammen. Wie es der Vorschrift entsprach, ließ der Conquistador dem Inka das sogenannte Requerimiento verlesen. Dieses Dokument enthielt nach einer weit ausholenden Einleitung die Aufforderung an die Zuhörer, den christlichen Glauben anzunehmen und sich „freiwillig" der Oberhoheit des spanischen Königs zu unterwerfen. Im Falle der Verweigerung wären Krieg und Versklavung die Konsequenzen. Auf den Passus des Requerimiento, in dem es heißt, der Papst habe dem spanischen König die Länder jenseits des Ozeans verliehen, erwiderte Atahualpa zu Recht, wie jener denn Länder verschenken könne, die gar nicht sein Eigentum sind. Er erklärte sich nicht bereit, den christlichen Glauben anzunehmen und warf die ihm gereichte Bibel kurzerhand auf den Boden. Auf das daraufhin von Pizarro gegebene Zeichen stürzten die Spanier aus ihrem Hinterhalt, nahmen Atahualpa gefangen und machten viele seiner Begleiter nieder. Pizarro versprach Atahualpa die Freilassung, wenn er einen Raum seines Gefängnisses bis zu einer bestimmten Höhe mit Gold auffüllen würde. Trotz der

quentesten geschah das den Juden gegenüber, die auf diese Weise „zu Kehricht und Auswurf wurden inmitten der Völker" (Klgl 3, 46); wie kein anderes Volk teilte Israel das Erdengeschick Jesu. Das Ende war Auschwitz – das zweite Golgota, wie unser letzter Papst es nannte, da Jesus selbst in den Leidenden des Volkes seiner Mutter millionenfach abermals gekreuzigt wurde.

Es scheint uns etwas wie eine Antwort auf dieses Geschehen zu sein, daß die großen Gotteshäuser eines christlichen Jahrtausends, soweit sie nicht zerstört wurden, inzwischen weitgehend Touristenziel geworden sind, ästhetisch noch interessant – Beter sieht man dort nur vereinzelte, während eine kleingewordene Herde von Gläubigen zur gleichen Zeit wieder die Schlichtheit eines Abendmahltisches ohne glanzvolles Kultgeschehen sucht.

Wer denkt nicht in diesem Jahrhundert so vieler

---

erfüllten Bedingung wurde ihm der Prozeß gemacht. Nur wurde er daraufhin nicht auf dem Scheiterhaufen verbrannt, sondern mit der Garrotte erwürgt. (Nach: „Freiburger Texte", hrsg. vom Erzbischöfl. Ordinariat, Freiburg.)

Es gibt ein Rosenkranzfest, von Pius V. 1572 für die ganze Kirche gestattet, von der Römischen Kurie 1716 auf Bitten Kaiser Karls VI. als festes Datum in den Römischen Liturgiekalender eingeführt. Es wird gefeiert als Dank für Siege, die weltliche Herrscher über die Türken errangen; man schrieb sie dem Rosenkranzgebet der Christen zu. Im Gotteshaus von Kirchsahr sieht man die Madonna, umrahmt von einem Rosenkranz, mit dem Christusknaben auf dem Schoß: in der linken Hand hält er das Buch des Lebens, in der Rechten den abgeschlagenen Kopf eines Türken.

zerstörter Kirchen an die Stelle Mk 13, 1 ff: Die Jünger sagen im Hinblick auf den Tempel bewundernd: „Meister, sieh doch, was für Steine, was für Bauten!" Jesus erwidert ihnen: „Kein Stein wird auf dem anderen bleiben, der nicht heruntergerissen wird."

Eine neue Wende?

Erleben wir eine neue Wende nach der Konstantinischen? In unserem Jahrhundert der beiden Weltkriege, zweier gottfeindlicher Großdiktaturen und immer weiter andauernder Kriegsschrecken feierten und feiern wir mancherorts das Gedächtnis Christi notgedrungen vielfach wieder wie in christlicher Frühzeit an verborgenen Orten, in Konzentrationslagern, Gefängniszellen, Krankenzimmern, zerschossenen Häusern, im winzigen Zirkuswohnwagen von Kleinen Schwestern Jesu. Die kultischen Gewänder und das volle Pensum der Meßriten haben in der Armut und Enge dort eher etwas Befremdendes als Erhebendes; von selbst ergab sich oft der notwendige Verzicht darauf. Priester und Laien kamen in solchen Situationen einander wieder ganz nahe, lebten und erkannten die gemeinsame Priesterwürde, die sie eint, Katholiken und Protestanten ihre gemeinsame Christenwürde. Das Amt des Priesters wurde wieder erkennbar als das, was es ist: Dienst am heiligen und königlichen Priestertum aller bekennenden Christen. Wenn dieser Dienst dann auch das Risiko für Leib und Leben in sich schloß, erkannte man erst, vielleicht wie zum erstenmal, welch eigene Jesusnähe der Auftrag des Priesters hat, der das heilige Zeichen setzt und spendet, und was ihn dieser Dienst kosten kann.

Auschwitz

Wir Deutschen nun haben besonderen Anlaß, an das schreckliche Ende der Konkordanz von weltlicher und kirchlicher Macht zu denken, das Auschwitz hieß. In den Opfern des Holocaust war letztlich Jesus selber mitsamt dem Volk seiner Mutter gemeint. Auschwitz ist möglich geworden in einem Großbereich von Getauften und durch Getaufte, „Christen", die durch „flächendeckende" Pastoral zur Taufe, zur Erstkommunion und zur Firmung gelangt waren, wie es dem Konkordat von Kirche mit staatlicher Macht entsprach. Wohl wurden die Bischöfe durch ihren Partner Staat im Hinblick auf sein Vorhaben mit den Juden entsetzlich getäuscht, aber über den Toren von Auschwitz standen unsichtbar auch jene Worte der mehr als ein Jahrtausend zuvor in die Liturgie eingegangenen Karfreitagsfürbitten „Nicht die Knie beugen im Gebet für die ungläubigen Juden". Damals ahnte noch kein Mensch, welche Chiffre solch ein Text einmal werden konnte und wie der geschichtliche Anteil der Christen an der Shoah sich darin einmal ausdrücken würde, – ähnlich wie die Inschrift über dem Haupte des Gekreuzigten die Erfüllung der Worte 1 Sam 8,7 wurde.

Johannes XXIII. änderte gleich bei seiner ersten Karfreitagsliturgie als Papst diese Rubrik wie auch das Gebet für die Juden.

Von nun an bleibt es ein nie mehr übersehbares Fanal, dieses zweite Golgota: Das kommt dabei heraus, wenn auch Kirche sich mit Macht arrangiert; das Denken der Macht dringt so unwillkürlich in ihr eigenes Herz ein.

Die wichtigste Gewissensfrage

Nach Auschwitz ist die wichtigste Gewissensfrage für jeden Christen, wie besonders für die Kirche in ihren Verantwortungsträgern, die nach dem Umgang mit der Macht. Wenn Religion auf Macht setzt, auf Bündnis mit irdischer Macht, und ihre Interessen mit denen des Staates vermischt, dann führt das zum Golgota des wirklichen Gottes.

Seit Auschwitz ist für die Christenheit die Frage neu offen, ob wir uns – wiederum gilt das besonders für die Amtsträger –, eine Grundweisung Jesu befolgend, mit den Armen und ihrer Situation solidarisieren oder ob unser Ehrgeiz und unser Ambiente es eher mit den Trägern von Macht und Reichtum hält. Nur wenn Christentum durch uns als das Mysterium der Entgrenzung aus seinem Urgrund Liebe erkennbar wird, werden in einer von Machtmißbrauch verstörten Welt auch die Grenzziehungen einleuchten, auf denen die Kirche aus Treue zur geoffenbarten Wahrheit bestehen muß, damit Licht und Finsternis unterschieden bleiben, nicht vermischt werden, weil nur, wenn Licht Licht bleibt, es in der Welt auch ferner zur rettenden Entscheidung für das Licht kommen kann.

Alfons Deissler schreibt in seinem Beitrag zu dem Buch „Unsere Erfahrungen mit der Kirche", es fehle in den Beichtspiegeln der Christen die vom Gotteswort geforderte Frage: Gebe ich dem Willen zur Macht in mir Raum? „Diese Gewissensfrage ist fundamental und unausweichlich, es geht darin um die erbsündliche Versuchung des Menschen" – sich selbst rücksichtslos durchzusetzen.

An der Frage des Umgangs mit der Macht hängt – seit Hiroshima – letztendlich das Überleben der ganzen Menschheit. Die Atombombe könnte zu einem dritten Golgota führen, das bis auf geringe Reste alle Erdbewohner vernichtet. Warum ein drittes Mal das Wort Golgota? Weil Jesus selbst in den Gequälten, Leidenden und Sterbenden dieser Welt mitlitt und mitleidet. Sein Wort „Das habt ihr mir getan", im Hinblick auf alle Menschen in der Nacht des Leidens und des Todes gesagt, ist wörtlich zu nehmen. Die inkarnierte Liebe fühlt nicht nur mit, sie leidet mit, in und seit der Menschwerdung konkret. Jesu Liebe ist Identifikation, nicht bloß Solidarität. In Auschwitz litt und starb er so viele Male wie die Kinder des Volkes seiner Mutter. Seine auf Golgota bis ans Ende gehende Liebe hatte eine göttliche Weite und Tiefe, daß sie sich in alles kreatürliche Leiden der Welten und Zeiten, zuallererst der ihm durch Glauben Geeinten, erstreckte. „Die Qual Israels zerreißt das Herz der Schechina (des inmitten seines Volkes wohnenden Gottes). Er ging in unsere Exile und Verbrennungsöfen … Durch die Propheten wissen wir, daß er selber leidet, denn er will, daß wir es erfahren. – Das Leiden der Menschen ist das Leiden ihres Schöpfers. Die Strafe, die Gott auferlegt, gilt nicht nur denen, die er richtet, sie schließt den Richter mit ein. Gott hält sich nicht abseits vom Leid, er ist im Leid. Er ist der eigentlich Leidende" (Elie Wiesel – Abraham Heschel).

… die Auferstehung

Warum leidet und stirbt Gott mit uns? Seit Ostern wissen wir Christen: um der Auferstehung willen. In dieser Hinsicht hatte die Wiedererstehung Israels nach fast zwei Jahrtausenden der Zerstreuung durch die Verbrennungsöfen des Dritten Reiches hindurch (nach Röm 11,26) die Bedeutung des Zeichens, des Vorzeichens, eines bevorstehenden Hindurchgangs der ganzen nach Erlösung rufenden Menschheit durch Leid, Drangsal und Tod in das Reich Gottes. Zuvor muß es wieder „ganz Israel" geben. Gott leidet und stirbt mit uns, weil er uns liebt. Wenn aber unser Leiden und unser Tod die unseres Schöpfers und Erlösers sind, nehmen sie uns mit in den Frieden und die Freiheit des neuen Lebens.

In einer zum Ende unseres Jahrtausends hin weiter von Kriegen heimgesuchten, von Erfahrungen der Grausamkeit und der Gewalt gezeichneten Welt sind vielleicht mehr Menschen denn je auf der Suche nach Gott. Können sie ihn finden in der Begegnung mit seiner Kirche? Ja – wenn diese als vielleicht letzte und einzige öffentliche Instanz in der Menschheit nicht ihrerseits auf Macht setzt: wenn sie die Gleichförmigkeit mit ihrem Stifter verwirklicht, wenn sie nicht nur liturgisch, sondern nach der Weisung Jesu in Tat und Wahrheit jenes Beispiel befolgt, das symbolisch verdeutlicht, was er von ihr als seiner Zeugin und Verkünderin erwartet: er kniet sich, selber arm, nieder vor armen Leuten, seinen Jüngern, wäscht ihnen die Füße und schaut auf zu ihrem Gesicht.

Nachwort: Priestertum der Frau?

Liebe Frau D.,
nach diesen langen Ausführungen, die Sie mit Ihrem Brief in Gang gebracht haben, nun endlich die Antwort auf Ihre Frage: Soll die Frau aus dem Durchdringen des Bewußtseins ihrer vollen Menschenwürde nicht auch auf die mögliche Zulassung zur Priesterweihe drängen dürfen?

Gal 3,28 heißt es: „Ihr alle, die ihr auf Christus getauft seid, habt Christus angezogen. Da ist nicht mehr Jude noch Grieche, nicht Mann noch Frau, denn ihr alle seid einer in Christus." Schon von diesem Wort her ist ein grundsätzliches Nein zum „Dienstpriestertum" der Frau nicht aufrechtzuerhalten. (So dachte übrigens auch Edith Stein.) Das anthropologische Schema Mann/Frau = Spender/Empfänger – im personalen (nicht rein biologischen) Bereich ohnedies relativ zu sehen – läßt sich auf die sakramentale Sphäre nicht übertragen; die Beziehung Christus–Kirche transzendiert es, wie in Christus selbst, dem *einen* Menschen mit uns Menschen, das Mann- oder Frausein transzendiert ist – in ihm sind Animus und Anima eins.

Hinzu kommt das Zeugnis des Neuen Testamentes und der frühen Kirchengeschichte: die Rolle der Frauen in der Nachfolge Jesu und als Erstzeuginnen der Auferstehung; dann etwa die Gestalt der Junia, in der Grußliste des Römerbriefes als „Apostel" apostrophiert und gerühmt; Lydia, die erste europäische Christin, Mitte der ersten Christengemeinde unseres Erdteils.

Nun kommt aber bei Ihrer Frage auch ein anderer Gesichtspunkt ins Spiel: die unausweichliche Einbettung der Verkündigung des Evangeliums wie des gesamten sakramentalen Bereichs nach Wort und Gestalt in den Geschichtsgang von Welt und Zeit. Zur Stunde würde ein Priesteramt der Frau – wie erste Beispiele in der anglikanischen und in der lutherischen Kirche zeigen – nicht der Wiedervereinigung der getrennten Christen dienen, sondern Entzweiung vertiefen. Unsere Einheit aber ist erstwichtig in der Sicht des Evangeliums. Zudem ist das heute noch ganz kultisch geprägte Weihepriestertum der orthodoxen und in etwa auch der katholischen Kirche mit ihren in einer Jahrtausendtradition auf einzig männlichem Boden gewachsenen Riten, Gesten, Gewändern wie auch der sprachlichen Artikulation von der Frau schwerlich übernehmbar, auch aus ästhetischen Gründen.

Ich denke aber, nach all dem, was in der Geschichte der Kirche und Welt für die Frau voraufging, einschließlich der Hexenprozesse – die Frau gehört ja mitten hinein in die noch ungeschriebene Geschichte der Anawim, der vor Gott Armen aller Zeiten und Zonen, für die Jesus besonders da war –, nach all dem also, im Bewußtsein ihrer Würde und aufgrund einer neuen bibelentsprechenden Sicht von Priestertum kann sie es erwarten, es aber auch abwarten, daß die „Amts"-Kirche sie um diesen Dienst bittet; und die Kirche wird es tun, wenn das Heil der Menschen es erfordert. Bis das geschieht, wird das Dienstpriestertum vermutlich jede äußere Attraktivität und jedes Ansehen in der menschlichen Großgesellschaft eingebüßt haben. Nichts wird es herausheben, außer der besonderen Nähe zu dem, der gesagt hat: „Ich aber bin unter euch als der, der dient" (Lk 22,27).

Vorerst ist die Kirche bedrängt von der Frage nach der Weihe bewährter verheirateter Männer. Nach allem, was zu diesem Thema bereits gesagt und geschrieben wurde: Ist die Kirchenleitung nicht drauf und dran, den Sonntag ihrer Christen preiszugeben, zugleich mit deren Bewußtsein, lebendige Gemeinde zu sein und zu bilden, wenn sie die Gemeinden ohne Priester als Mitte sein läßt, wenn sie darauf beharrt, nur solche Christen zu Priestern zu weihen, die sich auf die zölibatäre Existenz festlegen? Hat sie keine Sorge, ein von ihr geschaffenes Institut über das dritte Gebot Gottes zu stellen, dessen Beobachtung in unserer Welt und Zeit noch den Gottbezug der Menschheit in deren Gedächtnis lebendig hält? Ist dieses göttliche Gebot nicht so wichtig und dringend, daß man auch durch die Weihe verheirateter Christen – die freilich nach dem Zeugnis der Gemeinde erkennbar geistbegabte und engagierte Gläubige sein müssen – für eine verantwortliche und verläßliche Mitte von Gemeinde Sorge trägt, von Mitte, die mit ihr Eucharistie feiert und ihr Leben teilt? Andernfalls zerfallen immer weiter ehedem blühende Gemeinden. Sie sterben dahin, wenn sie nur einen zur Sonntagsmesse kommenden Aushilfspriester haben, ihr Interesse am Sonntag wird erlöschen. Ich wage zu fragen: Ist die Weigerung der Kirche, verheiratete Menschen zu Priestern zu weihen, auf daß Gemeinde eine stabile Mitte und eine lebendige Eucharistiefeier habe, nicht als strukturelle Sünde erkennbar?

Sowenig eine Bürgerschaft auf die Dauer ohne Vorsteher ein blühendes Gemeinwesen sein kann, so wenig kann auch eine kirchliche Gemeinde ohne den Zusammenhalt und die Mitte eines eigens für sie geweihten und gesandten Menschen, in dem das Bischofsamt sich ausweitet, gedeihen. Der Pfarrer von Ars sagte im Hinblick auf priesterlose Gemeinden: „Sie werden Tiere anbeten." Genau das ist inzwischen passiert. Viele Christen tanzen mit ums Goldene Kalb, Gemeinde ist uninteressant für sie geworden, seitdem sie keine verantwortliche Mitte und keinen Zusammenhalt mehr hat. Sie strahlt nichts mehr aus. Der Mammonsdienst und die Orientierung am Konsum lösen das Gottdienen ab.

80000 verheiratete Priester gibt es inzwischen, von kirchlichen Diensten fortan ausgeschlossen. Auffallend oft sind es die Begabtesten, die gehen, meist keine robusten, sondern eher hochsensible Leute. Das Weihepriestertum ist ein Sakrament, es schenkt die Kraft und den Geist, um es im Sinne Jesu auszuüben. Der Zölibat ist kein Sakrament; ein – freilich Lebensentscheidung einschließendes – Versprechen trägt ihn und trägt den zur Ehelosigkeit wirklich Berufenen auch durch. Aber auch dieser ist damit nicht schlechthin sicher, diesen Weg einzuhalten, zumal wenn er, wie es beim Weltpriester heute nicht selten der Fall ist, zunehmend in Einsamkeit und Isolierung gerät. So nimmt auch die Zahl dieser Berufenen ab, die Alten sind müde und sterben dahin. Warum um des Himmels willen nun nicht endlich auch verheiratete Männer zu Priestern weihen?

Was das nach einem Jahrtausend zölibatären Priestertums an Umstrukturierung in der Kirche herbeiführen würde, ist nicht abzusehen. Dennoch, die Sendung der Kirche steht auf dem Spiel. In der Sorge um sich selbst darf sie sich ihrem unabdingbaren Auftrag, dem Heil aller Menschen und jedes einzelnen zu dienen, nicht verweigern.

Das Festhalten an einem Prinzip, wie es die kirchliche, nicht göttliche Einrichtung des Weltpriesterzölibats ist, wird, wenn er weiter zum Glaubens- und Heilsverlust vieler Menschen führt, für das noch gläubige Gottesvolk völlig unverständlich. Traut man ihm und seinen Optionen nicht mehr den Heiligen Geist zu? Längst hat es in dieser Sache sein Votum abgegeben. Dieses nicht zu berücksichtigen – könnte das nicht Sünde gegen den Heiligen Geist werden?

VI

Brief an eine Mutter in der heutigen Kirche

Die Volkskirche löst sich auf

Die Kirche erlebt es, daß ungezählte Christen mit dem Auslaufen der konstantinischen Ära einen entscheidenden Nestverlust erlitten haben: Die Volkskirche löst sich auf. Mit dem Umfeld religiösen Brauchtums schwindet für viele der Glaube. Innerlich heimatlos geworden, nehmen sie in sich auf, was die öffentlichen Medien und Meinungen ihnen an Belehrungen, Bildern, Eindrücken und Slogans vermitteln. Wissenschaftler, die öffentlich zu Wort kommen und große Erfolge haben, stellen früher Geglaubtes für sie in Frage. Das geschieht weithin auf Weltebene.

In dieser Zeitstunde findet sich die Kirche, wie kaum je früher, in ihre Verantwortung für das Credo des Gottesvolkes gerufen. So hält sie es für geboten, alle Möglichkeiten ihrer petrinisch-zentralistischen Vollmacht auszuschöpfen, lehramtliche, autoritäre, disziplinäre, um weiteres Unheil zu verhüten, wobei es scheint, daß sie auch den Bischöfen mit ihren je eigenen Hirtengaben nicht mehr das volle Vertrauen schenkt. Die Institution Kirche bringt sich, wie lange zuvor nicht, als Wächteramt für die Menschen spürbar ins Spiel, schreckt mit ihren Maßnahmen viele ab, erschwert Suchenden und Fragenden den unmittelbaren Zugang zum Erlöser, so daß diese um so eher den neuen suggestiven Angeboten von Weltanschauungen und Gemeinschaften noch christlicher Prägung, aber ohne Kirche, erliegen. Das heute auch viele Gläubige befremdende, polarisierende und nicht einigend wirkende Verhalten der Amtskirche kommt gewiß aus brennender Sorge, aber zugleich wird doch auch ein Unterschied ihres Verhaltens zu den befreienden Aspekten des Evangeliums schmerzlich spürbar. Der Vater in der Geschichte vom Verlorenen Sohn übt auf den Weggehenden nicht den leisesten Zwang oder Druck aus. Der wäre ihm wesensfremd. Also kein: Bleib! sonst! ... Gott zwingt nicht, er vertraut. Menschgeworden vertraut er sich uns an als das Kind in der Krippe, als der Gekreuzigte. Seine Sprache ist unmittelbar die der ausgebreiteten Arme. Und der Verlorene Sohn kehrt heim. Gezwungene, denen Gewalt angetan wurde, kehren schwerlich zurück.

Der nachfolgende Brief an eine heutige Mutter spricht in diese Problematik hinein.

Was wird aus unseren Kindern?

Kürzlich erhielt ich einen Brief: „Unsere Söhne gehen andere Wege. Christliche Normen existieren für sie nicht mehr. Das verdunkelt mein Leben. War alles vergeblich? Was habe ich falsch gemacht?"

Auf diese Zeilen ist zuerst zu antworten: Diese Not kann ich verstehen, und ich teile sie. Aber zugleich ist zu sagen: So, wie Sie diese Frage formulieren, ist sie falsch gestellt; sie ist ebenso falsch wie die der Jünger, die Jesus angesichts eines blinden

Bettlers einmal fragten: Ob dieser blind geboren sei wegen seiner eigenen Sünde oder wegen der Sünde seiner Eltern (Joh 9, 1 ff). Die Jünger bekommen zur Antwort: „Weder er noch seine Eltern haben gesündigt, sondern die Werke Gottes sollen zum Vorschein kommen."

Stellen Sie sich vor, Jesus hätte gesagt: Ja, die Eltern sind schuld. Wenn Sie diese Eltern wären, Sie wären jetzt bis zur Unerträglichkeit belastet. Wie geht die Geschichte aus? Jesus tut dem Blinden die Augen auf ... Die Antwort Jesu wischt das Fragen der Jünger nicht einfach weg. Angesichts einer Misere, die mit meiner oder Schuld anderer Leute zu tun haben könnte, kann es nützlich sein, nach dem *Woher* zu fragen: damit man Fehler einsieht, sie nicht wiederholt, womöglich Hindernisse für das Heilwerden ausräumt. Aber in Richtung Heil geht es nach Jesu Wort mit unserem Fragen erst, wenn man sich nicht länger für das Woher so interessiert, als ob von Analysen, Einsichten und sogenannter Vergangenheitsbewältigung das Heil käme, sondern für das *Wozu:* Worauf will jetzt das Ganze hinaus? Um dann zu erfahren: auf den hin, der das Unheil wendet. Er will es, er kann es, er tut es! Dafür steht heute wie damals Er, der dem Blinden die Augen öffnete.

Der Glaube und das Glauben: von Gott und nicht durch die Menschen

In Ihrer Frage „Was haben wir falsch gemacht?" verbirgt sich wohl auch die Vorstellung, Sie als Eltern hätten für den Glauben Ihrer Kinder wie auch dafür, daß sie auf dem Weg des Heils bleiben, alle Verantwortung zu tragen. Aber stimmt das? Lesen Sie aus dem Neuen Testament folgende Stellen: Joh 6,14; Mt 16,14; Lk 10,21; Lk 15,11–32. Niemand kommt zu Christus, den der Vater nicht zieht. Nicht Fleisch und Blut offenbaren es dem Petrus, daß Christus der Sohn Gottes ist, sondern der Vater im Himmel, der die Kleinen erwählt. Den Glauben an Christus – das heißt die Offenheit des Herzens für das Wesen Jesu, für Jesus als den, der uns sagt und zeigt, wer und wie Gott wirklich ist und wie Gott sich den Menschen denkt –, diesen Glauben schenkt einzig der Vater im Himmel, den kann kein Mensch dem andern beibringen. Wohl kann man vermitteln, *was* wir Christen glauben. Die Inhalte unseres Glaubens haben Sie Ihren Kindern vermittelt und vorgelebt, so gut Sie konnten. Und das ist viel! Wollte Gott mehr? Ein Defizit bleibt bei uns immer. Und ich denke, das ist Ihnen, denen es so sehr um Gott geht, längst vergeben.

Kinder sind uns nur für eine Weile von Gott anvertraut. Sie sind nicht unser Besitz, sondern eher unsere Gäste, sie gehören dem, der sie schuf, ihnen Eltern schenkte und ihren ferneren Weg kennt. Auf Ihn hin müssen wir das junge Leben von einer bestimmten Zeit ab freigeben. Unsere unmittelbare Verantwortung reicht nicht weiter. Unserem Herzen freilich bleiben sie eingeschrieben, und das kann Schmerz und Tränen bedeuten, und vor allem Gebet, wenn sie andere Wege gehen. Ihre Söhne kennen „die christlichen Normen nicht mehr" – Ihre Worte. Sind Sie sich aber auch bewußt, daß es nur *eine* christliche Norm gibt, auf die alle andern, dieser ganze Plural von Normen, die meist durch Tradition und Gewohnheit entstanden sind, hinauswollen? Paulus sagt: „Das ganze Gesetz ist in dem einen Wort erfüllt: Liebe deinen Nächsten wie dich selbst!" (Gal 5, 14).

Sehr vielen gläubigen Eltern geht es heute mit ihren Kindern ähnlich wie Ihnen. Wie kommt das? Woran liegt das? Kinder bekommen heute oft schon vom Grundschulalter an in ständig zunehmender Zahl Miterzieher. Dazu gehören auch die Massenmedien, Fernsehen, Rundfunk und Videokassetten, die anderes predigen und vorführen, als wir Christen mit unseren christlichen Brauchtümern und unserer Bergpredigt. Eine ganze Welt von Trends und Faszinationen drängt die Kinder mehr und mehr aus ihrer Kindheitsglaubenswelt hinaus, zuerst aus unserem Clan und dann aus unseren leider meist nicht sehr lebendigen Gemeinden. Es ist ein Wunder (oder ist es nur Trägheit?), wenn sie christlich bleiben, so wie wir es uns vorstellen, mit Bräuchen und Leitbildern, wie sie uns einmal prägten.

Es gibt inzwischen allerdings, als Antwort auf eine säkulare Bemächtigungsgesellschaft, die uns die Kinder wegnimmt, die relativ noch seltenen Zusammenschlüsse von mehreren Familien zu Lebensgemeinschaften entschieden christlicher Ausrichtung, in denen Kinder dann ein gläubiges Zuhause auf wünschenswert breitem Niveau finden, Communio von einer solchen Weite, Beziehungsdichte und Strahlkraft, daß da auch die Weichen für gläubige und glaubwürdige Zukunft gestellt sind.

Sie lebten mit Ihren Söhnen nicht in einer solchen Gemeinschaft. Warum dürfen aber auch Sie und ich dennoch weiter vertrauen, daß es mit unseren Kindern und Enkelkindern, deren Kindheit noch gläubig gelebt wurde, gut ausgeht? Eine Antwort darauf über den Hinweis auf das neunte Kapitel im Johannesevangelium hinaus – sie kam mir erst jetzt durch Ihren Brief – enthält der Satz, mit dem Jesus sich zu Beginn der Apokalypse dem Seher Johannes offenbart: „Ich bin der Erste und der Letzte und der Lebendige". Das bedeutet für unsere Frage: Wenn er der Erste war im Dasein Ihrer Kinder, dann ist das Entscheidende schon geschehen. Er wird dann auch der Letzte sein, denn er ist der Eine. Dieser Lebendige erweist sich allen drohenden Abgrundmächten gegenüber letztlich als der Mächtigere.

Ich sehe es so: Die frühe Christuserfahrung Ihrer

Kinder bleibt in deren Seelengrund wie ein unzerstörbarer Lebenskeim verwahrt. Alles, was sie später an Gottfernem und Gottfremdem auskosten wollten, alles, was da etwa nur noch vitale Lebensgier und nur Anspruch war – nicht Geschenk mehr, von einer unverfügbaren Liebe gewährt –, hinterläßt schließlich einen faden Nachgeschmack, mündet in Leere und Öde. Der Geschmack an Gott aber, den der Schöpfer, mit Ihnen als Helfern und für Sie erkennbar, Ihren Kindern in die Lebensfrühe hinein einmal geschenkt hat, setzt sich dann unweigerlich wieder durch. Das Brot im Hause des Vaters, das die Mutter mit dem Sauerteig des Evangeliums durchknetet und gebacken hat, wird vom verlorenen Sohn neu ersehnt und dann wie zum ersten Mal mit einer bis dahin nie gekannten Dankbarkeit verkostet.

Ausschauen nach den Zeichen

Vielleicht können Sie aber doch heute schon wie der Vater im Gleichnis durch liebevolles Ausschauen bei Ihren Söhnen von ferne die Anzeichen einer Heimkehr zum lebendigen Gott entdecken (wenn auch noch nicht wieder zur sichtbaren Kirche), und zwar in der Erfüllung der entscheidenden christlichen Norm „Liebe deinen Nächsten wie dich selbst". Wo man wieder auf gelebtes Evangelium trifft, da verbirgt sich, vielleicht aus alten Wurzeln kommend, Echteres und Tieferes an Gottesbeziehung als in schließlich nur noch unwilligem und halbem Mittun in tradierter Religion.

Lebendigkeit aus der Quelltiefe allen Lebens ist das untrügliche Kennzeichen des „Ersten und des Letzten". „Ich bin der Erste und der Letzte und der Lebendige", sagt Christus. Wenn die ersten Jahre Ihrer Kinder von gläubigem Leben strahlten, wie Sie mir früher einmal sagten, dann war das kein vergeblicher Frühling. Den gibt es nicht bei dem, der all seine Verheißungen österlich einlöst – und dafür seine Kreuzigung durch uns auf sich nahm.

VII

Was macht die Kirche mit der Macht?

Ein Interview zu aktuellen Fragestellungen

Frage: Was hat Sie veranlaßt, die Frage „Was macht die Kirche mit der Macht?" aufzugreifen und als Titel dieses Buches zu bejahen? Gab es für Sie konkrete Anlässe?

Antwort: Ja, ich nenne einen. Einen Vorgang in Wien. Rom hatte da einen Weihbischof ernannt, der offensichtlich nicht das Ja der Diözese hatte. Besonders die studentische Jugend, für die er zuständig werden sollte, lehnte ihn ab. Da sie keine Aussicht hatte, selber angehört zu werden, demonstrierte sie, indem sich viele von ihnen auf die Stufen der Domtreppe legten, bevor der Weihegottesdienst beginnen sollte. Der Ernannte schritt nun in Begleitung zweier staatlicher Polizeioffiziere über die Leiber der Menschen hinweg in den Dom. Das war, so empfand ich es, eine dunkle Stunde in der Geschichte der Kirche. Wieviele glimmende Dochte mögen bei diesem Aufstieg des Würdenträgers über die Leiber von Mitchristen hinweg ausgelöscht worden sein! Und keine kirchliche Instanz hat diesen Vorgang desavouiert, erst recht nicht dieser Bischof selbst. Das war der konstantinische

Rest, wie er in der Kirche heute noch weiterlebt, und zwar demonstrativ. Ein Symbol. Es ließ mich der Frage neu nachgehen, was für Folgen das Bündnis von Kirche und staatlicher Macht in Hinsicht auf Jesu Botschaft gehabt hat.

Frage: Wie hätte sich denn der Bischof verhalten sollen?
Antwort: Ich meine nicht, daß man das kasuistisch ausmachen könnte. Ich antworte mal im Stil einer „legenda aurea": Der Bischof setzt oder kniet sich zu den Leuten nieder und sagt: „Eure Rechnung geht auf. Über eure Leiber gehe ich nicht hinweg, denn das seid ja schließlich ihr selbst. Ich möchte *für* euch Bischof werden, nicht *gegen* euch. Ein Vorschlag: Wir schieben die Weihe auf. Kommt heute abend zu mir ins Pfarrzentrum des Doms. Ihr sagt mir dann, warum ihr mich nicht wollt. Und ich sage euch, warum ich euch gern den Dienst tun möchte, zu dem mich der Papst für euch ersehen hat. Einer von euch möge jetzt den Wartenden im Dom erklären, warum ich nicht komme. Ich spreche inzwischen in der Sakristei mit den dort auf mich wartenden Bischöfen.

Frage: Sie haben sich mit einer Protestdemonstration am Vortag der Weihe des neuen Bischofs von Feldkirch solidarisiert. Was haben Sie den Menschen gesagt?
Antwort: Ich habe ihnen folgendes geschrieben: „Ich durfte öfter in Ihrer Diözese geistliche Dienste

tun und wurde um ein Geleitwort zum Schweigemarsch vor der Weihe des neuen Bischofs gebeten. Ihr Schweigemarsch am Vortag der Weihe des für Sie ernannten Bischofs Küng ist eine öffentliche Verdeutlichung Ihrer Stimmlosigkeit und Ohnmacht gegenüber der für Ihr Empfinden nur noch kirchengesetzlich verankerten Haltung Roms. Er ist wohl die einzig noch mögliche Antwort auf eine unbeantwortete Frage nach den inneren Grenzen kirchlicher Macht. Beträfe diese Frage nicht Ihre gemeinsame Existenz und Zukunft, könnte die Demonstration unterbleiben.

Möge Ihr Schweigemarsch heute nun eine ebenso einmütige wie inständige Bitte der Diözese an Gott, den Herrn der Kirche, sein, daß er Ihnen allen die Kraft gebe, in der Gesinnung Jesu das Kreuz zu tragen, das Ihnen auferlegt ist. Tragen Sie es auch für den neuen Bischof! Nur so kann der gekreuzigte Herr durch Sie auch österlich heilen. Nur so kann auch wieder Einheit werden. Gottes Liebe verantwortet alles, was uns begegnet."

Frage: Und der Fall des Bischofs von Chur?

Antwort: Ich erlebe die Situation in Chur durch Freunde dort am Rande ständig mit, und ich frage mich: Darf das petrinische Amt eine derartige Verletzung seiner bischöflichen Brüder durch Vertrauensentzug und Gesprächsabbruch, sodann eine Spaltung im Volk Gottes einer Diözese, ja eines ganzen Landes von solcher Virulenz auf sich nehmen, um einen Bischof römischer Wahl durchzusetzen? Mittel so gearteter Macht können nicht zum Ziel eines einenden Glaubens führen. Wenn man nicht den Weg Jesu geht, erreicht man auch die Wahrheit nicht, die Leben ist.

Frage: In all diesen Vorgängen, die viele Menschen so belasten, geht es also um Machtspiele in der Kirche?

Antwort: So möchte ich es nicht ausdrücken, denn ich halte es für gewiß, daß die höchste Instanz aus Verantwortung so handeln zu müssen meint. Aber der Weg der Durchsetzungsmacht mit gewaltsamen Mitteln ist nicht der Weg Jesu. Seit Rom aus Sorge um die dogmatische Reinerhaltung der Lehre das petrinische Amt dahin auswertet, betont romtreue traditionsgebundene Bischöfe aus eigener Wahl einzusetzen, kommt es zu Polarisierungen unter Christen, wie ich sie seit einem halben Jahrhundert meines Priesterseins nicht erlebte, und zu einer Ghettoisierung der Kirche, die ihre Sendung eher zum Erliegen bringt, statt ihr zu dienen. Eine schlimme Variante des Gleichnisses vom Verlorenen Sohn ist im Entstehen. Für den Heimkehrer aus der Ferne ist eine Umschulung beim älteren daheimgebliebenen Bruder vorgesehen, danach erst das Fest.

Frage: Vor zwanzig Jahren schrieb Kardinal Ratzinger, damals noch Theologieprofessor in Tübingen: „Der Baum Kirche, der aus dem Senfkorn (des Evangeliums) gewachsen ist, steht noch da, aber er scheint uns herbstlich müde und entlaubt. Langsam, aber sicher scheint er zu verdorren; die Vögel des Himmels verschwinden, oder vielmehr: allerlei seltsame Vögel nisten sich gespenstisch in ihm ein und lassen ihn eher unheimlich erscheinen." Und er fährt dann fort: „Der Akzent bei Jesus liegt nicht auf dem Baum, sondern auf dem Senfkorn, das Hoffnung ist in all seiner Unansehnlichkeit. In Wahrheit bleibt Kirche immer Senfkorn, ihre ganze Geschichte hindurch. Sie lebt immer von der ungreifbaren Keimkraft des Heiligen Geistes und nie von der inzwischen erreichten Macht ihrer Organisation." Finden Sie, daß dieser Text auch auf die heutige Situation der Kirche zutrifft? Wie würden Sie das Bild von den seltsamen, sich gespenstisch im verdorrenden Baum Kirche einnistenden Vögeln heute auslegen?

Antwort: Um das Empfinden vieler noch gläubiger Christen im Hinblick auf die Kirche zu verdeutlichen, wüßte ich kein besseres Zitat, keinen Text auch, der dem Evangelium ähnlich nah und darum so tröstend wäre wie dieser. Was die Deutung der Bilder heute darin betrifft: Wenn es der Glaubenskongregation darum geht, alle Durchsetzungsmacht, über die sie verfügt, zur Reinhaltung der Lehre und zur vermeintlichen Verhinderung von weiterem Glaubensschwund einzusetzen, ist sie genötigt, sich eines differenzierten und in der Sicht des Evangeliums sicher fragwürdigen Informationssystems zu bedienen. Es muß für Wächter, Beobachter und Informanten vor allem im Bereich der

Lehrstühle, der Katheder, der öffentlichen Äußerungen und Publikationen sorgen, Zuträger und Denunzianten bekommen Chancen. Da haben wir dann die fremden, seltsamen Vögel, die sich in dem herbstmüden und entlaubten Baum der Kirche einnisten – fast wie es sie zur Zeit Jesu gab, als den Männern auf dem Lehrstuhl des Mose das Gesetz, seine Aufrichtung und Beobachtung, der letzte und einzige Garant für die von den Römern bedrohte Identität des Gottesvolkes zu sein schien. Wir wissen aus den Evangelien, wie man Jesus entsprechend observierte. So groß die Sorge der Kirche um Dogma und Moral ist, Zuträgermethoden, wie sie zum Tode Jesu geführt haben, dürfte sie nicht zu den ihren machen, um das Credo zu retten.

Um im Bild der „seltsamen Vögel" zu bleiben, ihr Gegenbild sind dann wohl die Vögel des Himmels, von denen Jesus im Gleichnis vom Senfkorn spricht: die göttlichen Boten, die Ein-fälle von oben in gottgeschenkten jungen Glauben hinein, Einfälle, die neue Initiativen wirken, Leben weckende, Frucht bringende. Der Heilige Geist durchdringt die Kirche doch wie eine untergründige Quelle, wie ein Strom, und gegen alles Erwarten erneuert er sie und mit ihr das Angesicht der Erde, vielleicht nach langer Zeit der Dürre und des Dürstens.

Frage: Ratzinger gebraucht im Zusammenhang mit seiner Sorge um die jetzige Kirche das Wort vom verdorrenden Baum – der also keine Lebenschancen mehr hat ...

Antwort: Die Kirche überdauert die Zeiten, aber ihre zeitliche Ausprägung – auch ihre! – steht unter dem Wort: „Die Gestalt dieser Welt vergeht" (1 Kor 7,31). Auch in ihr gibt es wie in anderen Religionen und wie im alten Israel das „Menschenwerk", an das Gott sich nicht bindet. – Daß Stephanus ein Jesajawort dieser Feststellung im Hinblick auf den Tempel zu zitieren wagte, führte zu seiner Steinigung durch die Juden (Apg 7,48 ff). Epochenalte auf Gott ausgerichtete Strukturen und Einrichtungen meinen die darin Eingelebten ehrfürchtig auch über eine Zeit des Verfalls ihrer Gestalt, über ein für viele wache Zeitgenossen unübersehbares Vergänglichkeitsdatum hinaus, beibehalten zu sollen. Das macht sie dann unverständlich, ja abstoßend für eine inzwischen anders denkende und lebende Generation. In dieser alten Gestalt wird Kirche eher zum Hindernis als zu einer Verdeutlichung ihrer Sendung, ähnlich wie bestimmte alte Ordensgewänder und entsprechend veraltete Konstitutionen auf erwünschten jungen Nachwuchs abstoßend wirken. – „Es kommt mir vor, wie wenn ich als fragende Samariterin am Brunnen erst einmal auf den alten Tempelberg in Jerusalem als verbindlichen Zugang zu Gott verwiesen würde" – so eine junge Suchende.

Frage: Mit dem jetzt von Rom oft gebrauchten Stichwort von der Neuevangelisierung Europas verbinden manche die Befürchtung, es ginge dabei nur um Wiederherstellung von kirchlichem Einfluß,

Interesse und eben auch Macht. Was verbinden Sie damit?

Antwort: Keinen Gedanken an neue Machterweiterung der Kirche, sondern ihre Bereitschaft zu wachsendem Machtverzicht. Neubesinnung auf die Zeit der ersten Liebe, auf die Kirche der ersten Jahrhunderte, von deren Entstehen die Apostelgeschichte Zeugnis gibt. Die Kirche selbst braucht Evangelisierung. Vollzieht sie sie, so wird sie wieder evangelisieren, wie es Jesu Gleichnisse sagen; sie wird Salz und Sauerteig und Licht der Welt sein, da wo Christen unter Heiden oder Neuheiden leben.

Was ich jetzt sage, ist gewiß Utopie, aber es gibt ja auch Utopien, die eines Tages Wirklichkeit werden, und das beginnt damit, daß man ihnen Sprache gibt.

Die Bischöfe sollten erkennbar, sichtbar, hörbar wieder Vorbeter ihrer Diözesen werden, täglich mit dem Domkapitel in ihrer Kathedrale die Eucharistie feiern und dabei (vielleicht auch durch eigene Prediger) das Evangelium verkünden. Nach Apg 6,4 haben die Apostel „im Gebet und im Dienst am Wort" ihren wichtigsten Auftrag gesehen und darum zu ihrer Entlastung Diakone bestellt. (Als ich Anfang der dreißiger Jahre dieses Jahrhunderts auf der Suche nach Gott Kirche so erlebte – den mit dem Bischof verwirklichten Vorrang des Gotteslobes im Dom Tag um Tag –, wurde das Mitursache meiner Wendung zur Catholica.) Die Zahl der Regionalbischöfe sollte vermehrt werden für entsprechend kleinere

Bereiche großer Diözesen. An deren Wahl sollten außer dem Ortsbischof auch das Domkapitel, der Priesterrat und Vertreter der Regionen und Gemeinden beteiligt werden. Landauf und landab sollten diese Bischöfe in den Gemeinden ihrer Region nach Möglichkeit Abendeucharistie feiern und das Wort Gottes verkünden, vielleicht unter Mithilfe begnadeter Prediger; Sprechstunde halten, Zeiten der gemeinsamen Anbetung vorsehen. Häufig sollte sich der Diözesanbischof mit den Professoren der theologischen Fakultät austauschen, damit Wissenschaft und Verkündigung wieder eine innere Einheit werden. Die Einübung der Christen des Bistums in Psalmen- und Hymnengesang, in aktive Mitwirkung bei der Liturgie der Kirche, also auch das Stundengebet in Gemeinden, sollte ein neues Anliegen sein, für das eigene Liturgen ausgebildet und ausgesandt werden könnten.

Und dann wäre in Absprache mit Misereor, Missio und Adveniat Sorge dafür zu tragen, daß alle größeren Gemeinden eine Partnergemeinschaft in der dritten oder vierten Welt bekämen und Beziehung zu ihr aufnähmen. Die Gemeinden sollten es möglich machen, daß jedes Jahr zwei oder drei von ihren Leuten ihre „Paten" besuchen, immer andere, zu mehrwöchigem Aufenthalt, um das Leben, das Fühlen und Denken der Menschen dieser anderen Kontinente kennen- und liebenzulernen und sich fragen zu lassen: Wie kommen wir mit ihnen zu einem Dialog, wie verstehen wir sie als Wort, das

Gott an uns richtet, wie entdecken wir die Spuren der Liebe Gottes in ihnen?

Bei allem müßte die Ökumene im Blick sein. Was immer, vor allem auch im Predigtdienst, Gemeinsames möglich ist, sollte verwirklicht werden.

Frage: Sie betonen in Ihrer „Utopie" die Bedeutung des Gebetes und der Liturgie mit den Bischöfen für die Neuevangelisierung Europas. Haben Sie keine Sorge, daß die Kirchen leer bleiben?
Antwort: Nein, wenn die Bischöfe den Anfang machen und Vorbeter werden, meinetwegen zunächst in kleinen Kapellen, falls es nur noch wenige Gläubige gibt. Was Gott in ihr und unser Gebet hineinschenkt, können wir nicht ausmachen, aber zuversichtlich erhoffen.

Frage: Denken Sie auch wieder an Gregorianik, die ja bei Ihrer Wende zur Kirche eine Rolle spielte?
Antwort: Ja, auch daran, aber wahrhaftig nicht nur daran. Julien Green schrieb in seinem Tagebuch (25.10.1947) von einem gregorianischen Gesang: „Man möchte ins Kloster gehen, so schön ist er." Dann von den Mönchen: „An der Schwelle dieser Abtei verebbt die Schmutzflut dieser Zeit. Mich mutet das benediktinische Dasein wie ein einziger Sang von Liebe und Seligkeit an, etwas getragen zwar, aber wie zauberhaft wirkt diese Getragenheit auf mich ein, wie kostbar ist sie doch in einer Welt, die der Schnelligkeitsrausch fast völlig verdummt hat! Alle diese Gebete von Matutin bis Komplet

werden sanft, fast zärtlich gesungen ... Oft kommt mich der Gedanke an, daß diese Ordensbrüder in einer Art liturgischer Traumwelt leben, wo doch gerade sie im Wirklichen sind und umgekehrt wir im Traum befangen, der übrigens jederzeit in einen Alp umschlagen kann."

Aber nun die andere Seite: Nach seiner Bekehrung ging Charles de Foucauld zu den Benediktinern von Solesmes. Jedoch, so wunderbar die Liturgie war, die Welt des armen Jesus von Nazaret schien ihm bei diesen Brüdern zu fehlen. Danach versuchte er in dem damals ärmsten Trappistenkloster, einem in Palästina, seine geistliche Heimat zu finden. Sieben Jahre blieb er. Auch dort fand er nicht das arme Leben Jesu. Dann wurde er Hausknecht bei armen Klarissen in Nazaret, schließlich „Kleiner Bruder aller Menschen" unter muslimischen Tuaregs mit nichts anderem als dem Zeugnis seines Lebens in der Nachfolge des armen Jesus.

Ich glaube, daß der Weg, den Gott Bruder Karl führte, prophetisch war in Hinsicht auf den Weg der Kirche unseres Jahrhunderts und der Jahrhundertwende. Es wird auch weiter Choral geben und Benediktinermönche, die ihn singen und die nach ihrer Regel leben. Gott sei Dank! Aber die Wegrichtung ist in der Endzeit wieder die des armen Jesus in Nazaret und des Mannes der Fußwaschung, „da er wußte, daß seine Stunde gekommen war". Es bleibt in der Kirche immer bei der vorrangigen Bedeutung des Gebetes. Aber eine Regression in frühere Phasen ihres Daseins würde die Kirche in ein Ghetto führen, nicht zu den Armen, den Ausgegrenzten, den Leuten unterwegs, zu denen vor allem Jesus sie sendet und mit denen er sich auf eine Weise identifizierte, daß seine Hinrichtung die Folge war. Die Verantwortlichen damals haben im Tempel eine herrliche Liturgie gefeiert, von der sie tief erbaut wurden, aber das hinderte sie nicht (insofern man den Tempeldienst durch Jesus eher gefährdet als gefördert sah), im Bunde mit dem heidnischen Staat den zu töten, auf den hin und um dessentwillen es diese Liturgie gab.

Frage: Brachte die Liturgiereform des letzten Konzils mit ihrer Hinwendung zum Volk, zum Mitmenschen, zum Bruder Jesus nicht – sicherlich ungewollt – eine Abwendung vom heiligen Gott, einen Verlust des Gespürs für das Heilige und den Heiligen?

Antwort: Keine Frage, daß sich manche nach der alten Liturgie sehnen. Und daß es unter denen, die in der alten Liturgie ihre Heimat behalten wollen oder sogar neu finden, überzeugende Christen gibt, Menschen mit weitem und liebendem Herzen, wer wird das bestreiten wollen? Es gibt Christen, für die die frühere Weise der Eucharistiefeier in die Zeit ihrer Bekehrung, ihrer „ersten Liebe" fiel; sie wurde ihre innere Heimat, in der sie verwurzelten. Es gibt andere, die von dem sozialen Lebensgefüge her, in dem sie groß wurden, eine distanzierte Altarzone und der Hinwendung aller nach oben beizubehalten wünschen. In der vorkonziliaren Messe war man gemeinsam mit dem Priester am Altar nach oben gewandt. Unabgelenkt von allzu menschlichen Aspekten, die mit einem Kreis oder gar mit einem wirklichen Tisch und mit dem Anblick anderer Zeitgenossen verbunden sind, war man auf Gott ausgerichtet. Das Gesicht eines vielleicht unsympathischen oder sogar eitlen redseligen Pfarrers als Gegenüber zu haben, sodann rechts und links bestimmte Leute, denen man beim Austausch des Friedens vielleicht beide Hände reichen sollte, blieb einem erspart. Die Überwindung, die einen das jedesmal neu kosten konnte, mindert für sie die frühere Freude am Gottesdienst, wird als Ablenkung empfunden. Ästhetische Sensibilität, Festgelegtsein auf gesellschaftliche Rangordnungen und Gepflogenheiten mögen da mit ins Spiel kommen, aber bei manchen vielleicht auch Tieferes. Die Ehrfurcht vor dem Heiligen, das Empfinden des Petrus, der zu Jesus sagt: „In Ewigkeit sollst du mir nicht die Füße waschen." Die neue Weise der Eucharistiefeier mutet es mir nun zu, daß ich ganz konkret, wie Jesus bei der Fußwaschung, während dieses Mahles auch zu meinem Mitmenschen aufschaue, für den Jesus starb wie für mich. In der Bereitschaft, diesem Menschen zu dienen, wie Jesus mir dient, und in der Hoffnung, daß die Eucharistie mir die Kraft dazu schenkt. Der gemeinsame Tisch ist eben dafür eine bessere Einübung als ein tatsächliches Wegschauen, ein Absehen aller vom armseligen anderen im Hinblick auf den heiligen Gott über dem Hochaltar.

Eines hat die Kirchengeschichte gezeigt: Die sich wieder durchsetzende Vertikale beim Herrenmahl im gemeinsamen Aufblick aller Teilnehmer nach oben, über einer vom Volk distanzierten Altarzone, wurde weitgehend Kompensation für die praktische Verweigerung des Mitvollzugs der Option Jesu, die den Armen galt, zur religiös untergründigen Stabilisierung des Gefälles von oben nach unten, im sozialen Gefüge wie im persönlichen Leben. Der Abendmahlstisch Jesu war tatsächlich eine Revolution gegenüber allen vor- und außerchristlichen Kulturen mit ihren einem Klerus vorbehaltenen Opferdarbringungen. Es hat signifikante Bedeutung, daß ein höchster Repräsentant des Kultes, ein Hoherpriester, den Beschluß der Kreuzigung Jesu motivierte und ratifizierte. Die Liturgiereform nach dem Zweiten Vaticanum sollte jedoch an das 14. Römerbriefkapitel mit seinem Drängen auf die Rücksicht der Liebe in Fragen der entscheidenden Neuerungen denken lassen.

Frage: Angesichts des unübersehbaren Vertrauensverlustes – worum muß es der Kirche heute vor allem gehen? Was ist das Entscheidende? Die „reine Lehre"?
Antwort: Die Kirche findet sich heute, wie kaum je früher, in ihre Verantwortung für das intakte Credo des Gottesvolkes gerufen. So hält sie es für geboten, die letzten denkbaren Möglichkeiten ihrer zentralpetrinischen Vollmacht auszuschöpfen, lehramtliche, autoritäre und disziplinäre, um den

tradierten Glauben neu durchzusetzen. Für die Gläubigen hat es den Anschein, daß der Vatikan in manchen Bereichen seiner Jurisdiktion auch den Bischöfen und deren je eigener apostolischer Hirtengabe nicht mehr vertraut, etwa in der Frage der bischöflichen Nachfolger, bei Besetzungen von Lehrstühlen und anderen wichtigen Posten, selbst bei der Verleihung von theologischen Ehrendoktorwürden oder bei bischöflichen Regelungen im eigensprachlichen Liturgiebereich. So tritt die vatikanische Institution mit einem befremdenden eigenen Machtanspruch auf. Ihr Mißtrauen in andere Nachfolger der Apostel sät Mißtrauen im Bereich der Gläubigen, spaltet. Schon daß die höchste Glaubensinstanz mit ihrem Autoritätsanspruch so ausdrücklich in Erscheinung tritt, wie es seit langer Zeit nicht der Fall war, führt zu Beunruhigung und zur Polarisierung unter den Christen. Das Auseinanderbrechen der Einheit einer Diözese wie Chur wirkt sich weit über diese hinaus in andere Bistümer aus und hat zur Folge, daß suchende Menschen, wie sie heute in ganz anderen, betont freiheitlichen Lebensstrukturen aufwachsen, sich abgestoßen finden von einer Kirche, in der Positionen und Parteiungen eine Rolle spielen.

Nach diesem Befund nochmal mein eigenes Bekenntnis: Ich stehe zur Kirche Christi wie am ersten Tag, zur Kirche, die so weit reicht, wie Gott Menschen den Geist Jesu schickt, und die dennoch, da Gott Mensch wurde in einem erwählten Volk, eine Verfaßtheit hat wie der menschliche Leib, wie eine Stadt, wie ein Reich. Eine kurze Zeit neigte ich auch zu ihrem jetzigen Vorgehen. Inzwischen bin ich zu der Überzeugung gelangt, daß sie mit dem Machtpotential, das dem Vatikan im Laufe eines Jahrtausends zugewachsen ist, mit dem vatikanischen Zentralanspruch der Wahrnehmung von Verantwortung, unter Umständen ohne Gesprächsoffenheit über das gläubige Volk hinweg, nicht mehr den Weg des Evangeliums geht. Mit vielen Gläubigen würde ich es ersehnen, daß sie gelassen und fest im Vertrauen auf Gott als den Herrn seiner Kirche und zugleich im Gespräch, in verstehender Liebe und im gemeinsamen ausdauernden Gebet mit Bischöfen, Glaubensverkündern und Gemeinden immer neue Schritte auf Verwirklichung der Communio hin bedenkt und wagt. Und daß sie vor allem nicht primär auf die *Sätze* der Credo-Wahrheit setzt, sondern auf den *Weg*, auf dem die Wahrheit erkannt und das Leben gewonnen wird. Die „des Weges Seienden", so nannten sich die ersten Christen (Apg 9,2), nicht „die der Wahrheit Teilhaftigen".

Ich schließe mit dem Beispiel eines Menschen, der „auf dem Wege war" – und wie nah dem Ziel! –: Janusz Korczak, der mit zwei jüdischen Waisenkindern an der Hand, dem Treck der vielen anderen Judenkinder voraus, freiwillig in die Viehverladewaggons nach Treblinka und in den Verbrennungsofen ging. In einem Brief schreibt er: „Die Wörter sind arm, sie drücken nicht immer das Erwünschte aus. Wir geben euch nichts, wir geben euch keinen

Gott, wir nicht, den müßt ihr in eurer Seele finden, wir geben euch keine Heimat; in euren Herzen und euren Gedanken werdet ihr sie entdecken müssen; wir geben euch keine Liebe ohne Verzeihen, denn Verzeihung bedeutet Überwindung, die jeder verwirklichen muß. Was wir euch geben, ist Sehnsucht nach einem Leben, das nicht vorhanden ist. Aber diese Sehnsucht wird euch zu Gott, zur Heimat und zur Liebe führen."

„Janusz Korczak ist ein Symbol der Religion und der Moral für die Welt von heute" (Johannes Paul II.).

Heinrich Spaemann im Verlag Herder

Heinrich Spaemann
Er ist dein Licht
Meditationen für jeden Tag
Jahreslesebuch
Herausgegeben von Ulrich Schütz
2. Auflage, 400 Seiten, gebunden.
ISBN 3-451-22643-X

Die Stimme eines großen geistlichen Autors, das Wesentliche aus der Ernte einer großen geistlichen Lebenserfahrung – neu zugänglich in einem ausgesprochen praktischen Jahreslesebuch.

Heinrich Spaemann stellt kurze, meditative Texte vor, gleichsam ein Stück geistlichen Vollkornbrots für jeden Tag des Jahres. Die einzelnen thematischen Schwerpunkte bezeichnen Grundvollzüge gläubigen Lebens und sind gleichzeitig Kernanliegen der Spiritualität Heinrich Spaemanns: Sinnspur in allem: Liebe; Mensch, worum geht es dir?; Es wird nicht vergeblich gelitten; Er sandte den Geist seines Sohnes; Leben als Kinder des Lichts; In der Muschel Zeit die Perle Ewigkeit u. a.

„Für jeden Tag des Jahres eine Seite, jeder Monat unter einem Thema. Wer in die Tiefe möchte mit seinem Glauben, ist mit Spaemann immer gut bedient“ (Radio Vatikan).

Verlag Herder Freiburg · Basel · Wien